AF328143

PREMIÈRE LISTE

DE

BLESSÉS FRANÇAIS

RECUEILLIS PAR LES TROUPES ALLEMANDES

PUBLIÉE PAR LE

COMITÉ INTERNATIONAL DE GENÈVE

Se vend au profit de l'œuvre des secours aux blessés

CHEZ GEORG, LIBRAIRE

BALE & GENÈVE

30 OCTOBRE 1870

PREMIÈRE LISTE

DE

BLESSÉS FRANÇAIS

RECUEILLIS PAR LES TROUPES ALLEMANDES

30 OCTOBRE 1870

Amiaret, Joseph, 1er turcos, 4me c. *Hôp. milit., Berlin.*
Ab-de-be-der, 1er turcos, 12e c. *Hôp. milit., Berlin.*
Ali-ben-med-cala, 3me turcos, 5e c. *Hôp. milit., Berlin.*
Ali-ben-laid, 3e turcos, 4e c., caporal. *Hôp. milit., Berlin.*
Ahmed-ben-Mohamed, 3e turcos, 2e c., caporal. *Hôp. milit , Berlin.*
Algoron, Baptiste-Félicien, 3e ligne, 2e c. *Hôp. milit., Berlin.*
Adam, Auguste, 32e ligne, 1re c., caporal. *Hôp milit., Berlin.*
Andrez, Charles-Victor, 36e ligne, 1re c., officier. *Hôp. milit. Berlin.*
Abd-el-Kader, Mostaganem, 2e turcos. *Hôpital, Charlottenburg.*
Abdekabe, Abel, Algérie, 1er turcos. *Hôpital, Charlottenburg.*
Abd-el-Kader, Toquille, 3e zouave, 1re c. *Berlin.*
Allegro, Michel, 74e ligne, 6e c. *Berlin.*
Ausbrére, François, 74e ligne. *Berlin.*
Ali ben Hamal, 1er turcos, 6e c. *Berlin.*
Angeliaume, Joseph (Lyon), 3e ligne, 2e b., 2e c. *Place forte, Marienberg.*
Asse, Ferdinand, 3e ligne, 1er b., 6e c. *Marienberg.*
Azote, Claude, Strasbourg, 96e ligne, 2e b., 3e c. *Marienberg.*
Andres, Martin, St-Denis, 17e chass. *Marienberg.*
Abd-el-Kader, ben Dielloul, Algérie, 1er turcos, 3e b., 5e c. *Marienberg.*
Amar ben Assy, Constantine, 3e turcos, 2e b., 6e c. *Marienberg.*
Auchevert, Eugène, Maiche (Doubs), 48e ligne blessé à la hanche. *Marienberg.*
Abmed ben Rabach, Algérie, 1er turcos, 2e b., 6e c. *Hofgeismar.*
Achmed ben Lerrori, Algérie, 1er turcos, 3e b., 6e c. *Hofgeismar.*
Achmed ben Mahomed, Algérie, 1er turcos, 3e b., 3e c. *Hofgeismar.*
Abdebadar ben Raddar, Algérie, 1er turcos, 2e b., 6e c. *Hôpital, Halle.*
Abd-el-Kader ben Amœœr, Algérie, 1er turcos, 3e b., 5e c., sergent. *Hofgeismar.*
Achmed bel Hamdani Algérie, 1er turcos, 2e b., 3e c. *Hofgeismar.*
Ahmed ben Taib, Algérie, 1er turcos, 4e b., 2e c. *Hofgeismar*
Amed ben Saidou Amar, Algérie, 1er turcos, 3e b., 4e c. *Hofgeismar.*

Ab-del-Kader ben Mahomed, Algérie, 1er turcos, 3e b., 6e c. *Hofgeismar*.

Ahmed ben Jada, Algérie, 1er turcos, 4e b., 4e c. *Hofgeismar*.

Abdel ben Rebé. Constantine, 3e turcos. *Hôpital St-Hedwig, Berlin*.

Aman ben Abi, Algérie, 1er turcos, 3e b., 4e c. *Hofgeismar*.

Amar ben Hanèen, Algérie, 1er turcos, 3e b., 4e c., sergent. *Hofgeismar*.

Ali ben Saïd, Algérie, 1er turcos, 2e b., 4e c. *Halle*

Allard. Jean, Paris, 50e ligne, 3e b., 2e c. *Hofgeismar*.

Ahmed ben Foyél, Algérie, 1er turcos, 2e b., 4e c., sous-lieutenant. *Hofgeismar*.

Aniomas, Thomas, Savoie, 74e ligne, 1er b., 3e c. *Hofgeismar*.

Ali ben Mahomed, Algérie, 1er turcos, 3e b., 3e c., caporal. *Hofgeismar*.

Ali ben Omar, 1er turcos. *Cassel*.

Albot (d'), Jean, 74e ligne *Cassel*.

Allegre, Michel, 74e ligne *Cassel*.

Allan, 50e ligne, *Cassel*.

Aléxandre, sergent, *Cassel*.

Avril (d'), Léon-Emile, 19e ligne, lieutenant, *Cassel*.

Aupetit, J., 47e ligne, 2e c. *Cassel*.

Abd-el-Kader Bambosa, 1er turcos, sergent-major. *Francfort-sur-Mein*.

Ab del Kader Bizender, 1er turcos. *Cassel*.

Aumaître, G., Juiers (Charente), 36e ligne. *St-Hedwig, Berlin*.

Am Maroasse, Constantine, 3e turcos. *St-Hedwig, Berlin*.

Augerole, F., 3e zouaves, caporal. *St-Hedwig, Berlin*.

Abdek Berbi, Constantine (Alger), 3e turcos 1er b., 5e c. *Maison de la Loge, Heidelberg*.

Ahmed Ben Saïd, Constantine (Alger), 3e turcos, 1er b., 1re c. *Heidelberg*.

Abd-el-Kader ben Arras, Oran, 2e turcos, 3e b., 3e c., fracture de l'index. Fabrique de M. Reiss, † 10, Août. *Rastatt*.

Abd-el-Kader, Oran, 2e turcos, 1er b., 4e c., blessé à la mâchoire, paralysé du bras droit. *Heidelberg*.

Abd-el-Kader Medaoni, Oued Sonad Aghaerr, 2e turcos, éraflure au front et orbite de l'œil. *Heidelberg*, Evacué 10 Août.

Abd-el-Kader Hadj Mullin, Oran, 2e turcos, 1er b., 4e c., coup de feu à la cuisse. *Heidelberg*. † 10 Août *à Rastatt*.

Aiguia, Antoine, Constantine, 2e zouaves, coup de feu à la jambe et au bras. *Ecurie de la ville, Heidelberg*.

Auda, Oran, 2e turcos, éraflure au côté gauche du thorax. *Fabrique de M. Reiss II, Heidelberg*.

Angelis (d'), 63e ligne, lieutenant. *Reichshoffen*

Aubaret, 48e ligne, lieutenant. *Reichshoffen*.

Amet, 56e ligne, lieutenant. *Bischwiller*.

Alber, Pierre, 93e ligne, 3e b. *Neustadt*.

Aponneau, Jean, 94e ligne, coup de feu à la poitrine. *Neustadt*.

Abel-Casan, 5416, 1er turcos, 6e c. *Maison d'Orangerie, Darmstadt*.

Abed-ben-Azed, 2e zouave, coup de feu dans le dos *Maison d'Orangerie, Darmstadt*.

Adam, Jules, de Bionville, 47e ligne, 3e c., cap., bless. à la main dr. *Mais. d'Orangerie, Darmstadt*.

Antoine, Charles, de Remonviller (Vosges), 12e dragons, 4e esc., coup de feu au genou droit. *Maison d'Orangerie, Darmstadt*.

Abd-el-Kader ben Zeien, Alger, 2e ligne, 1re c., coup de feu à de la cuisse. *Bains de Wannheim*.

Achmed, Alger, 2e turcos. *Clinique, Giessen*.

Araboison, Antoine, de Dullac, 8e ligne, 5e c. *Clinique, Giessen*.

Armand, Isidore, Javuar, 77e ligne, 3e c. *Clinique, Giessen*.

Achard, Pierre, St-Etienne, 24e ligne. *Hôpital de réserve, Schwetzingen*.

Arnould, Auguste, Baulieu, 77e ligne. *Hôp. de rés., Schwetzingen*.

Amory, L., Antreches, 7e hussards, coup de feu dans le jarret. *Hôp. de rés., Schwetzingen*.

Amar Ben Mensur, Constantine, 3e turcos, 3e b., 3e c. *St-George, Augsbourg*.

Aurière, Jean-Pierre, Lévignac (Aveyron), 36e ligne, 3e b., 1re c. *St-George, Augsbourg*.

Anzandre, Ph., Fouliesdons (Var), 17e ligne. *St-George, Augsbourg*.

Amar, Bram, Afrique, 3e turcos, 4e c. *St-George, Augsbourg*.

Aurasse, Victor, Grasse (Ardennes), 2e bataillon tirail. *St-Sébastien, Augsbourg*.

Ahlais, Victor, Monviron, 65e ligne. *Schwetzingen.*
Afif ben Kara, Alger, 2e turcos. *Francfort-sur-Mein.*
Ali Boscha, Alger, 3e turcos. *Francfort-sur-Mein.*
Affour (d'), Latour, Villeneuve (Lot-et-Garonne), 90e ligne, capitaine. *St-Hedwig, Berlin.*
Avriel (d'), 19e artillerie, lieutenant. *Cassel.*
Ali Ben Chilude, Alger, 1er turcos. *Hôpital de réserve, Francfort-sur-Mein.*
Amelin, Théodore, 26e ligne 5e c., caporal. *Hôpital de réserve, St-Annen, Lubeck.*
Atriaix, Davy, 23e ligne. *St-Annen, Lubeck.*
Antoine, Jean, 1er cuirass. de la garde, 3e esc. *St-Annen, Lubeck.*
Arnaud, Jean, Grandchamp (Nièvre), 12e ligne, 3e b., 2e c., coup de feu dans le bras g. *Spire.*
Avard, Ch., Liegues (pas de Calais), 12e ligne, 2e b., 3e c., coup de feu au haut de la cuisse g. *Spir .*
Aure, Louis, Roussel (Drôme), 15e ligne, 2e b., 2e c., coup de feu dans le mollet g. *Spire.*
Arnaud, Antoine, 98e ligne, 1re b , 2e c. *Baraque III, Berlin.*
Azmann ben Kibbi, 3e turcos, coup de feu au front. *Baraque I, Berlin.*
Aymard, Pierre, 2e zouave, blessure à l'épaule droite. *Couvent des Franciscains, Dusseldorf.*
Aimé, Nicolas, 3e ligne, coup de feu au bras gauche. *Baraque II, Berlin.*
Afif ben Kara, 2e turcos, coup de feu au genou droit *Baraque II, Berlin.*
Audier, Jean, 3e ligne, coup de feu au pied droit. *Baraque II, Berlin.*
Ama ben Mohamed, 1re turcos, clairon, coup de feu à la jambe dr. *Baraque II, Berlin.*
Arséne Lethias, 21e ligne, coup de feu à la cuisse droite. *Baraque II, Berlin.*
Audreffet, Jacques, Lyon, 3e zouaves. 1er b., 4e c., coup de feu à la cuisse. *Couvent des Franciscains, Dusseldorf.*
Abid Bodar, Oran, 1er turcos, 4e b., 4e c., coup de feu à la cuisse droite. *Couvent des Franciscains, Dusseldorf.*
Archambout, Jean, Flavigny, 96e ligne, 1er b., 1re c., coup de feu à bras droit. *Couvent des Franciscains, Dusseldorf.*
Anzès Nimes, 2e zouaves. *Hôpital militaire, Spandau.*
Allert, Antoine, Paris, 98e ligne. *Hôp. militaire, Spandau.*
Amar ben Hassem, Constantine, 3e turcos. *Hôp militaire, Spandau.*
Alabergère, Jean, Chordonny, 8e cuirass. *Hôp. militaire, Spandau.*
Agnès, Claude, St-Etienne, 18e ligne. *Salle gymnastique, Carlsruhe.*
Alberge, François, Mollines 5e ligne, 2e b., caporal, coup de feu au bras gauche. *Leipzig.*
Ali Mahomed, Constantine, 3e turcos, 1er b., 3e c., coup de feu au bras gauche. *Fab. Reiss I, Heidelberg.* † 19 Août, à *Rastatt.*
Amar Mahomed, Constantine, 3e turcos, 3 b., 3e c., coup de feu à la cuisse droite. *Fab. Reiss I, Heidelberg.* † 10 Août à *Rastatt.*
Adenet, 48e ligne, capitaine, balle dans le pied. *Reichshoffen.*
André, Léon-Justin, Guinches, 26e ligne, 3e b., caporal, coup de feu dans le dos. *Neustadt (Mayence).*
Aima, Jean, 84e ligne, 5e c. *Hôp. de réserve, St-Annen, Lubeck.*
Ali Ibe Omar, 1er turcos, 6e c. *Hôp. de réserve nᵒ 2, Cassel.*
Alasrack, Mustapha, Alger, 1er turcos. *Baraque Moos, Heidelberg.*
Alasrak Muhabb, d'Alger, 1er turcos, fracture au haut de la cuisse gauche. *Hôp. de l'Académie, station extérieure, Heidelberg.*
Amet, 56e ligne, lieutenant. *Bischwiller.*
Aufort, François, 40e ligne. *Hôp. militaire.*
Azema, Frédéric, Cailland, 52e ligne, 2e c. *Leipzig.*
Arop ben Anis, turcos, caporal. *Hôpital militaire.*
Alphée, David, La Mouille (Jura), 67e ligne. *Hôpital de la gare, Carlsruhe.*
Aubry de la Noë, Albert, corps du génie, lieutenant. *Hôp.-Baraque nᵒ 2, Berlin.*
Afif ben Kara, 2e turcos. *Hôp.-baraque nᵒ 2, Berlin.*
Audier, Jean, 3e ligne. *Hôp.-baraque nᵒ 2, Berlin.*
Ama ben Mahomed, 1er turcos, clairon. *Hôp.-baraque nᵒ 2, Berlin.*
Ahamed ben el Hadj, 1er turcos, 4e c., coup de feu à la cuisse droite. *Hôpital de rés. nᵒ 1, Cassel.*
Alberge, François, Mollines, 5e ligne, 2e b., 3e c., caporal, coup de feu au bras gauche et talon *Hôp. de réserve nᵒ 3, Leipzig.*
Arsène Eva Lethias, 21e ligne. *Hôp.-baraque II, Berlin.*

Allmoze, Alexandre, Bonnevalle, 96e ligne, 6e c. *Hóp -baraque II, Berlin.*

Achmed ben Mitani, turcos. *Hóp.-baraque II, Berlin.*

Alfons, Jean, Paris, 1er chasseurs 5e c. *Hóp. de réserve n° 1, Francfort-sur-Mein.*

Allavent, Ernest, Bonneville, 73e ligne, 1re c. *Hóp. de réserve n° 1, Francf. s/M.*

Araba ben Bedmen, Constantine 3e turcos, 1re c. *Hóp. de réserve n° 1, Francf.-s/M.*

Arbie, L., 1er turcos, 3e c. *Hóp. de réserve n° 1, Francf.s/M.*

Abd-el-Kader, Alger, 2e turcos, 3e b., sergent, coup de feu à la poitrine. *Hôpital-baraque n° 6, Mannheim.*

Abd-el'Kader, Alger, 2e turcos, 3e b., fracture au bras et cuisse. *Hôpital-baraque n° 6, Mannheim.*

Ahmed ben Mohamed, Alger, 1er turcos, 3e b., 5e c., caporal, coup de feu dans la poitrine. *Hóp.-baraque, n° 6, Mannheim.*

Ali ben Ahmed, Alger, 1er turcos, 2e b., 1re c., fracture de la cuisse. *Hóp.-Baraque n° 6, Mannheim.*

Ali ben Brachman, Alger, 2e turcos, 1er b., 2e c. *Hôpital.-baraque, Mannheim.*

Asman Well Assem, Alger, 2e turcos, 3e b., 6e c. *Hóp.-baraque, Mannheim.*

Ali ben Mazar, Alger, 1er turcos. *Hópit., Carlsruhe.*

Aurvaet, Etienne, Ardantes (Indre), 3e rég. mar., 3e b., 3e c., *Hóp.-baraque, Giessen.*

Antoni, Antoine, 23e ligne, 3e b., 6e c. *Hóp. de réserve, Brieg*

Arnaut, Camille, 79e ligne, 3e b., 4e c. *Hóp. de rés.rve, Brieg.*

Aubignat, Jean, 9e d'artill. *Hópit. de réserve, Brieg.*

Amsélèm, Jean, Bourgoin, 33e ligne *Hóp. de réserve, Schw tzingen.*

Achard, Pierre, St Etienne, 24e ligne. *Hôpital de réserve, Schwetzingen.*

Anot, Auguste, Beaulieu, 77e ligne. *Hóp. de réserve, Schwetzingen.*

Amony, Louis, Antrèches, 7e hussards. *Hóp. de réserve, Schwetzingen.*

Antoni, Jean-Michel, 79e ligne, 1er b., 5e c. *Hóp de réserve Brieg.*

Argoux, Emile, Lavergne, 74e ligne, 1er b., coup de feu à l'omoplate. *Wissembourg.*

Auberger, Léopold, 9e artillerie. Sorti. *Hóp. de réserve, Brieg.*

Aubry, Alvidi, Meung 8e chasseurs, 1er esc. *Hópit. de Spandau.*

Alepée, Claude-Fernand, 19e d'artill., monté. *Hóp. de Brieg.*

Adam, Henri, 17e chass. à pied. *Hóp. de Spandau*

Audenot, Armand, 96e ligne, 2e c., malade. *Hóp. de Spandau.*

Angel, Dom., 58e ligne, malade. *Hóp. de Spandau.*

Arsen, P., Burel (Ardèche), 70e ligne, épaule et cuisse. *Hóp. 10e corps, Pont-à-Mou son.*

Arneil, Pierre, Volire (Puy-de-Dôme), 12e ligne, jambe. *Hóp. 10e corps, Pont-à-Mousson.*

Abet, Louis, 99e ligne, 3e b., blessure grave. *Hóp. de réserve, Schneidemühl.*

Asevoir, Linoin, Ferté-Molinde, 46e ligne, 3e b, 3e c. *Darmstadt.*

Ali ben Ahmet, 3e turcos. *Bischwiller.*

Aman ben Cadour, 3e turcos. *Bischwiller.*

Auchèsne, 8e cuirassiers. *Bischwiller.*

Archena, Urbain, Dewange, 20e d'artillerie, 4e batt. *Bruchsal.*

Ali ben Sana, Constantine, 3e turcos, 2e b. *Ambulance de Sulz.*

Amet, 56e ligne, lieutenant. *Bischwiller.*

Angibert, François, Toulouse, 58e ligne. *Spandau.*

Ayral, Augustin, 83e ligne. *Torgau.* † le 3 Octobre.

Astier, Jacques-Célestin, 89e ligne. *Carthause.* † le 30 Septembre du typhus.

Aubry, Julien, 40e ligne. *Coblence.* † le 11 Août de blessure.

Adrias, Jules-Joseph, cuirassier de la garde. *Coblence.* † le 30 Août de blessure.

Arnaud, Guillaume, 66e ligne, 2e b. *Coblence.* † le 8 Septembre de blessure.

Baioes, Joseph, Prunert, 2e ligne, 6e c., 2 coups de feu bras droit. *Hópital de réserve, Weilbach.*

Bouell'od, Fréd., St-Beine-d'Azg¹, 2e ligne, 3e c., coups de feu main et bras droits. *Hópit. de réserve Weilbach.*

Bath, Franc., Guise, 63e ligne, 4e c., caporal, coup de feu au cou. *Hôpital de réserve, Weilbach.*

Bouzet, P., Marsilar, 56e ligne, 5e c., coup de feu au bas de la jambe gauche. *Hóp. de réser., Kirchheim.*

Brahie, Félix, 67e ligne, 5e c., *Berlin.*
Bellefort, Alexandre, 74e ligne, 5 c. *Berlin.*
Boullemier, Louis, 3e zouaves, 4e c., caporal. *Berlin.*
Bar-ben-sala, 3e turcos, 3e c. *Berlin.*
Bender, Jean, 1er turcos, 1re c., clairon. *Berlin.*
Boü-kas-ben-cheïda, 2e turcos, 1re c. *Berlin.*
Beserièf-el-ben-smem, 3e turcos, 2e c. *Berlin.*
Bourdon, Claude-Marie, 2e ligne 3e c. *Berlin.*
Brambille, Antoine-Charles, 36e ligne, 2e c., officier. *Berlin.*
Bellec, Emile, 40e ligne, 3e c. *Berlin.*
Ballossier, 45e ligne, 6e c. *Berlin.*
Bonnal, Ravalt, 48e ligne 1re c., officier. *Berlin.*
Bonhommet, Ernest, 63e ligne, 2e c. *Berlin.*
Barros, Milemo Jean, Mauvezin, 9e cuirass., 3e escad., brigadier, contus. *Hôpit. de Château Hanau.*
Badin, 8e chass. à pied, 4e c., clairon. *Hildburghausen.*
Barros, Jean Mauvezin, 9e cuirass., 4e esc., ruade de cheval. *Hôpital de réserve, Hanau.*
Bichard, Jules, Laval, 63e ligne, 3e b., 2e c., fièvre légère (palpitations) *Hôpital de réserve, Giessen.*
Blanc, Baptiste, Sorèze, 3e ligne, génie, 3e b., 3e c., coup de feu cuisse dr. *Hôpit. de réser., Giessen.*
Beltraye, Mahomed, Alger, 2e turcos. *Hôpital Charlottenburg.*
Benietto, Alla, Borney, 2e turcos. *Hôpital Charlottenburg.*
Belheige, Caton, Mostaganem, 2e turcos, sous officier. *Hôpital Charlottenburg.*
Bendachmen, Abdalla, Mostaganem, 2e turcos. *Hôpital Charlottenburg.*
Boschuchra, Cherif, Mostaganem, 2e turcos, sous-officier. *Hôpital Charlottenburg.*
Beldabor, Achmed, Mostaganem, 2e turcos. *Hôpital Charlottenburg.*
Belrede, Menauard. Mostaganem, 2e turcos. *Hôpital Charlottenburg.*
Bendohaa, Beltaiba, Mostagaemn, 2e turcos. *Hôpital Charlottenburg.*
Belejiln, Mohamed, Tunis, 1er turcos. *Hôpital Charlottenburg.*
Bertram, Jacques, Mostaganem, 96e ligne. *Hôpital Charlottenburg.*
Bommel, Cölan, Arre, cant. Vignant, 56e ligne. *Hôpital Charlottenburg.*
Ben-Ale-Amor, Slimen-ben-sai, 1er turcos. *Hôpital Charlottenburg.*
Beilléer, Bernard, Monin, 3e zouaves. *Hôpital Charlottenburg.*
Bouysson, Jean. Daglan 3e chass. à pied. *Hôpital Charlottenburg.*
Belkere, Lardje, Mostaganem, 2e turcos, sous-officier. *Hôpital Charlottenburg.*
Bonomoret, 2e turcos. *Spandau.*
Bloquet, Jules, Neufchatel-en Cray, 63e ligne. *Hôpital Charlottenburg.*
Bonnefoy, Médaro, 24e ligne. *Hôpital Berlin.*
Boisset, Claude, Saunat, 2e ligne. *Hôpital Charlottenburg.*
Buisson, Albert, Hanneau, 18e chass. à pied. *Hôpital Charlottenburg.*
Ben-Taehel, Tola, Constantine, 3e turcos. *Hôpital Charlottenburg.*
Bellarhada, Hamed, Constantine, 3e turcos. *Hôpital Charlottenburg.*
Barral, Joseph, Chloranche, 63e ligne. *Hôpital Charlottenburg.*
Barsaq, Jean, 50e ligne. *Berlin.*
Berachmann-Ibe-Elisach, 1er turco . *Hpt. de réserve n° 2, Cassel.*
Belcasem, Guiler, 1er turcos, 3e c. *Berlin*
Brigessen, 1re turcos, 1er c., sergent. *Berlin.*
Belarve, Mohamed, Bougie, 3e turcos. *Hpt. Charlottenburg.*
Bardet, Antoine, Aulnat, 40e ligne. *Hpt. Charlottenburg.*
Buffaz, Eugène, garnison Nimes, 56e ligne. *Place forte Marienberg.*
Bellec, Almire, Alger, 1er zouaves, 2e b., 5e c., caporal. *Place forte Marienberg.*
Bellis, Baptiste, Marseille, 99e ligne, 1er b., 4e c. *Place forte Marienberg.*
Brantemeyer, Michel, Belfort, 45e ligne, 3e b., 1er c., caporal. *Place forte Marienberg.*
Baudinot, Pierre Paul, Langres, 50e ligne, 1er b., 2e c., caporal. *Place forte Marienberg.*
Bonnet, Joseph, Belfort, 9e cuirass., 1er escad., brigadier. *Place forte Marienberg.*
Bayer, Louis, Besançon, 16e chass. à pied., clairon. *Place forte Marienberg.*
de Bruze, César, Annecy, 21e ligne, 3e b., 1re c. *Place forte Marienberg.*
Brouin, Pierre-Prosp., Annecy, 21e ligne, 1er b., 6e c. *Place forte Marienberg.*

Barrois, Jean, Chambéry, 47e ligne, 1er b., 3e c. *Place forte Marienberg.*
Bousaut, Etienne, Chambéry, 47e ligne, 2e b , 6e c. *Place forte Marienberg.*
Bonnefoy, Toussaint, Nîmes, 56e ligne, 2e b. 6e c. *Place forte Marienberg.*
Besson, Jacques, Nîmes, 56e ligne, 2e b., 6e c. *Place forte Marienberg.*
Boistot, François, Besançon, 76e ligne, 1er b., 1re c. *Place forte Marienberg.*
Basset, Jean-Bapt., Besançon, 73e ligne, 3e b., 5e c. *Place forte Marienberg.*
Bastien, Ernest, Strasbourg, 96e ligne, 2e b., 5e c. *Place forte Marienberg.*
Baume, Victor, Marseille, 99e ligne, caporal. *Place forte Marienberg.*
Bouin, Pierre, Toulouse, 8e b., chass. à pied, 8e c. *Place forte Marienberg.*
Bussy, Isidor. Toulouse, 8e b., chass. à pied, 3 c. *Place forte Marienberg.*
Belard, Antoine, Marseille 13e b., chass. à pied, 2 c. *Place forte Marienberg.*
Buissonier, Jean, Alger, 1er zouaves 2e b.,]1e c. *Place forte Marienberg.*
Baullinger, Mathias, Alger, 1er zouaves, 1er b., 1re c. *Place forte Marienberg.*
Bise, Anselme, Oran, 2e zouaves, 2e b., 1er c. *Place forte Marienberg.*
Bessin, Pierre, Constantine, 3e zouaves, 1re b., 6e c. *Place forte Marienberg.*
Boyer, Jean, Constantine, 3e zouaves, 1er b., 2. c. *Place forte Marienberg.*
Bais, Gilbert, Châlons, 1er cuirass., 1er escad. *Place forte Marienberg.*
Benoit, Joseph, Châlons, 1er cuirass., 2e escad. *Place forte Marienberg.*
Belanger, Horace, Belfort, 9e cuirass., 4e escad. *Place forte Marienberg.*
Blasinet, Charles-Louis, Besançon, 12e art., 5e batt. *Place forte Marienberg.*
Bergougnoz, Joachim, Valence, 19e art., 8e b. *Place forte Marienberg.*
Bourdin, Gustave-Joseph, Arcon (Doubs), 78e ligne. Coups de feu bras gauche et cuisse droite. *Place forte Marienberg.*
Bourcy, Philippe, Paris, 2e zouaves. Coup de feu épaule droite. *Place forte Marienberg.*
Bode, Michael, d'Arfeuille (Allier), 56e ligne. Cuisse gauche. 18 Août amputé. *Place forte Marienberg.*
Bossigat, Monaool, Oran (Afrique) 3e turcos, cuisse gauche. *Place forte Marienberg.*
Butot, Auguste, Bagneux (Indre) 78e ligne, cuisse gauche. *Place forte Marienberg.*
Ben-Abdelbadar-Bouckelkind, Alger. 1er turcos, 3e b., 5e c. *Hofgeismar.*
Bassot, Gilbert, Buy de Vovre, 96e ligne, 2e b., 6e c. *Halle.*
Barbé, Silvain, Bass.-Pyrénées, 74e ligne, 4e b., 8e c. *Hofgeismar.*
Basque, Isidor, 74e ligne, 7e c. *Maison des orphelins, Francfort-sur-Mein.*
Barsark, 50e ligne, *Cassel.*
Baechler, Louis, 13e b., chass. à pied. *Cassel.*
Ben Aischa ben Mahomed, Alger, 1er turcos, 3e b., 5e c., caporal, *Hofgeismar.*
Belsasan ben Rabah, Alger, 1er turcos, 2e b., 4e c., *Halle.*
Ben Alia ben Djaberla, Alger, 1er turcos, 3e b., 3e c., *Hofgeismar.*
Bel Kassem ben Ali, Alger, 1er turcos, 3e b., 2e c., *Hofgeismar.*
Ben Iaia ben Djalali, Alger, 1er turcos, 4e b., 6e c , *Hofgeismar.*
Bel Kassem ben Rabach, Alger, 1er turcos. 3e b., 4e c , *Halle.*
Bernette, 50e ligne, 6e c., *Cassel.*
Ben Aiza ben Ali, 1er turcos, *maison des orphelins à Francfort-sur-le-Mein.*
Bemaja, Amad, turcos, *maison des orphelins à Cassel.*
Ben Ibu Abdalla, turcos, *maison des orphelins à Cassel.*
Berthélot, Maurice, 3e zouaves, *maison des orphelins à Cassel.*
Bel Kassem, Alger, 2e turcos, sous-lieutenant, *St-Hedwig, Berlin.*
Bébé ben Azou, Constantine, 3e turcos, caporal, *St-Hedwig, Berlin.*
Bonzion ben Dhabi, Alger, 1er turcos, 3e b., 5e c., *Hofgeismar.*
Brédé, Pierre, 50e ligne, 3e b., 2e c., *Hofgeismar.*
Biton, François, 50e ligne, 3e b., 1e c., *Hofgeismar.*
Bonteba bel Habi, 1er turcos, 3e b., 6e c., *Hôpital à Halle.*
Bouldaires, Jean, Veronen, 1er turcos, 1er b., 3e c., *Hofgeismar.*
Bouzed, Mahomed, Alger, 1er turcos, 3e b., 3e c., *Hofgeismar.*
Boukolfa Mahomed, Alger, 1er ligne, 2e b., 2e c., *Hofgeismar.*
Bruniar, Victor, Port Vendres, 74e ligne, 1er b., 3e c., *Hofgeismar.*
Brisbot, 9e lanciers, 3e b., 2 c., *Maison des Orphelins, Francfort-sur-le-Mein.*
Bregne, Emile, 1er turcos, 7e c., sergent, *Maison des Orphelins, Francfort-sur-le-Mein.*

Boiseau, Al., 74e ligne, 3e c., *Maison des Orphelins, Francfort-sur-le-Mein.*

Boward, Barthélemy, 78e ligne, *Maison des Orphelins, Francfort-sur-le-Mein.*

Bies, Pierre, 50e ligne, 2e b., 3e c. *Hofgeismar.*

Bomette, 50e ligne, *Cassel.*

Bouvier, 94e ligne, 3e c., *Cassel.*

Bouvin Bikenda, turcos, *Cassel.*

Bos, Ed., 74e ligne, 4e c., *Cassel.*

Bretagne, 50e ligne, 3e c., *Cassel.*

Boilloy, Franç., 48e ligne, *Cassel.*

Boregh ben Mohamed, Constantine, 3e turcos, *St-Hedwig, Berlin.*

Biket, Victor, 3e zouaves, *St-Hedwig, Berlin*

Berthier, Jean-Baptiste-Marie, Montverd (Vitré), 50e ligne. 3e b., 3e c., *baraque Moos à Heidelberg.*

Belhussin Amed, Alger, 1er turcos, 2e c.. *Clinique pour les yeux de M. Röder, Heidelberg.*

Begoin, Pierre, Bourbon-Nancy, 37e ligne, *Heidelberg.*

·Ballalil, Djelole, Alger, turcos, *Heidelberg.*

Blancard, Barthélemi, Aunat (Aude), 2e turcos, 2e b., 1e c., tambour, *Infirmerie Louise, Heidelberg.*

Belhomme, J.-F., Rennes, 21e ligne, *Clinique pour les yeux de M. Becker, Heidelberg.*

Bertier, Jean-Bapt.-Marie, Montvert (Vitré), 50e ligne, 3e b., 3e c., coup de feu au poignet gauche, *écurie de la ville, XIVe baraque, Heidelberg.*

Bianci, Francesco, Nice, 3e ligne, 3e b., 5e c., fracture au bras gauche, *Heidelberg, Fabrique Reiss I·*

·Ben Abdal, Oran, 2e turcos, blessure insignifiante par un coup ou morsure dans la main par lui-même, *Fabrique Reiss, II, Heidelberg.*

Ben Ayed Ben Maboub, Kaidat, Oran, 2e tirail., 2e c., coup de feu dans la jambe gauche, *Fabrique Reiss, II, Heidelberg.*

Bihan, Louis, Pieuret (Morbian), 48e ligne, 1e c., fracture jambe droite, *Fabrique Reiss II.*, amputé, †, *Heidelberg.*

Bilchriz, Wald., Wahron (Afrique), 2e turcos, 1er bat., front blessé par la crosse d'un fusil, *Casino catholique, Heidelberg.*

Blondean, Gust., Paris, 1er zouave, 2e b., fièvre intermittente, *Infirmerie de l'académie, station intérieure, Heidelberg.*

Buscail, Dominique, Odeillo (Pyrén. orientales), 3e ligne, coup de feu aux joues, *Weinheim.*

Bar, Emile, 78e ligne, capitaine, *Wœrth.*

Baumann, Guillaume, 2e zouaves, lieutenant, *Wœrth.*

Brouta, 4e cuirassiers, commandant, *Usine de Reichsoffen.*

de Bonneville, (Le Cocher), 13e chasseurs à pied, chef de bat., *Usine de Reichsoffen.*

Branchery, Léon, 47e ligne, lieutenant, *Niederbronn.*

Boullanger, François-Const., 96e ligne, capitaine, *Niederbronn.*

Boussin, 47e ligne, capitaine, *Reichsoffen-Usine.*

Besson, 3e tirail., capitaine, balle dans le pied, guéri, *Reichsoffen-Usine.*

Baron, 48e ligne, lieutenant, balle dans la tête, *Niederbronn.*

Bourdel Henault, 2e zouaves, sous-lieutenant. *Soulz s. forêts.*

de Bournet, Obnai (Ardèche), 19e artillerie, sous-lieutenant, *Reichsoffen.*

Bernardet, 9e cuirassiers, lieutenant, *évacué à Haguenau.*

Bourson, 56e ligne, lieutenant, *Haguenau.*

Baëlon, 56e ligne, lieutenant, *Haguenau.*

Blonneau, 56e ligne, capitaine, *on ne sait où.*

Broussin, 56e ligne, lieutenant, *on ne sait où.*

Berthézene, Louis-Emile, Vigan, 67e ligne, 3e b., sergent-fourrier, coup de feu cuisse gauche, *à Mayence*

Bourguin, Hubert, Aiglemont, 62e ligne, 3e b., coup de feu bras droit, *à Mayence.*

Brazeau, Pierre, Nantes, 97e ligne, 3e b., coup de feu dans la cuisse droite et dans la main droite. *Mayence.*

Bauter, Victor, St-Étienne, 93e ligne. *Hôpital de réserve, Schwetzingen.*

Borzier, Médérie, Crouaix, 53e ligne, *Schwetzingen.*

Brousseau, Boné, Meral, 29e ligne, *Schwetzingen.*

Bodraise, Louis, Lourrin, 12e ligne, *Schwetzingen.*

Belqueule, Al., Vere le Lec, 93e ligne, coup de feu au mollet gauche, *Schwetzingen.*

Bosselot, Al , Plaichatille, 75e ligne, coup de feu au pied gauche, *Schwetzingen.*

Bourlion, Max, Grande 73e ligne, fracture à la cuisse gauche, *Schwetzingen.*

Bouisson, Victor, Marseille, 32e ligne, caporal, *Schwetzingen.*

Benoit, Michel, Curbigny, Saône-et-Loire, 3e turcos, 2e b., 3e c., *St-George, Augsbourg.*

Bourguet, Jean, Reuneville (Haute-Garonne), 1er zouave, 3e b., 3e c., *St-George, Augsbourg.*

Bernardin, Alfr. d, Fougerolles (Haute-Saône), 36e ligne, 3e b., 4e c., *St-George, Augsbourg.*

Barkatin, Aimé, Fougerolles (Haute-Saône), 18e ligne, 2e b., 4e c., *St-George, Augsbourg.*

Blanc, Jean, Coulonge (Vienne), 74e ligne, 3e b., 4e c., *St-George, Augsbourg.*

Brunel, Luc., Malors, (Gard), 36e ligne, 1er b., 3e c., *St-George, Augsbourg.*

Barthet, Jean, Bègere, Ariège, 41e ligne, 2e b. 4e c., *St-George, Augsbourg.*

Bretagne, Jean, St Marc de Côté, Loire Inférieure, 99e ligne, 1er c., *St-George, Augsbourg.*

Boulet, Gabriel, Aulas, Gard, 78e ligne, 2e b., 1e c., *St-George, Augsbourg.*

Bany, Pierre, Mont-d'Or, Puy-de-Dôme, 2e zouaves, 3e b., 3e c., *St-George, Augsbourg.*

Barret, Eugène, Soudenoy, Vosges, 1er zouave, *St-Sébastien, Augsbourg.*

Bonis, Jean, Tourdoise, Aütafort, Dordogne, 46e ligne, *St-Sébastien, Augsbourg.*

Besson, Pierre, St-Bonnet, 98e ligne, *Hôpital de réserve, Schwetzingen.*

Planche, Aug., Arsier, 12e chass., coup de feu au pied gauche, *Hôpital de réserve, Schwetzingen.*

Benart, Franç., Lorient, 28e ligne, coup de feu au pied gauche, *Hôpital de réserve, Schwetzingen*

Bonnet, André, Hegenoy, 75e ligne, sergent, épaule droite, *Hôpital de réserve, Schwetzingen.*

Brossay, Franç., Bonmont, 100e ligne, coup de feu au pied gauche, *Hôpital de réserve, Schwetzingen.*

Bernier, François (Manche), 10e chass. à pieds, bless. au genou gauche. *Au Cloître, Düsseldorf.*

Bounhour, Guillaume (Tarn-et-Garonne), 3e ligne, bless. à la cuisse gauche. *Au Cloître, Düsseldorf.*

Baut, Joseph, 8e chass. à pied, 4e b., bless. cuisse gauche. *Au Cloître, Düsseldorf.*

Besangel, François, 33e ligne, 3e c., sergent, coup de feu à la cuisse droite. *Au Cloître, Düsseldorf.*

Bouador Mohamed, 2e turcos, 6e c., coup de feu au bras gauche. *Au Cloître Düsseldorf.*

Bresolle, Edmond, 45e ligne, 3e c., sergent, coup de feu à la gorge. *Au Cloître, Düsseldorf.*

Boussin, Hip.. 96e ligne, 1re c., bless. bras droit. *Au Cloître, Düsseldorf.*

Bizo, Joseph, 2e turcos. *Hôpit des barr. II, Berlin.*

Peury-e-ben-smen, 3e turcos. *Hôpit. des barr. II Berlin.*

Bégor, Yves, 24e ligne. *Hôpit des barr. II, Berlin.*

Barba, Nicolas, 63e ligne. *Hôpit. des barr. II, Berlin.*

Brodas, François, 24e ligne. *Hôpit. des barr. II, Berlin.*

Bürker, Pierre. 21e ligne. *Hôpit. des barr. II, Berlin.*

Bajard, Bonaventure, 65e ligne. *Hôpit. des barr, II, Berlin.*

Bardé, Alphonse, 1er ligne. *Hôpit des barr. II, Berlin.*

Bihet, Victor, 3e zouaves. *Hôpit. des barr. II, Berlin.*

Bodiguel, Joseph, 24e ligne. *Hôpit des barr. II, Berlin.*

Bender, Jean, 1er turcos, clairon. *Hôpit. des barr. II Berlin.*

Bellefort, Alexandre, 74e ligne. *Hôpit. des barr. II, Berlin.*

Bocadour Mohamed, 2e turcos. *Hôpit. des barr. II, Berlin.*

Benduin, Auscien, 3e turcos, *Hôpit des barr. II, Berlin.*

Brochard, Alexis, 16e ligne. *Hôpit. des barr. II Berlin.*

Bondas, Auguste, 93e ligne, caporal. *Hôpit des barr. II Berlin.*

Barbe, Jean, Antibes, 73e ligne, 2e b., 4e c. éraflure au bras gauche. *Hôpit de rés III, Leipzig.*

Bévilagua, Math., Crojiquin 10e ligne, 3e b., 2e c., coup de feu à la cuisse droite. *Hôpit de rés. III, Leipzig.*

Bourginons, François, Sille Jourdins, 9e chass. à pied, 9e b., 2e c., bless. à la cuisse gauche. *Hop. de rés. III, Leipzig.*

Bastion, Louis, Regnonville, 74e ligne. *Hôpit. n° 5, Mannheim.*

Belchever Mohamed, Ténès, 1er turcos, sergent. *Hôpit. n° 5, Mannheim.*

Bonnet, Jacques, Lamastres, 3e zouaves, 3e c., amput du bras. *Hôpit. n° 5, Mannheim.*

Boiramé, Frédéric, Vaccod (Lassard), 10e ligne, 1re c:, coup de feu au pied droit *Hôpit de barr. n 2, Mannheim.*

Braquet, Louis, Vervant, 50e ligne, 1er b., 4e c., fracture au bas de la cuisse. *Hôpit. de barr. n 7, Mannheim.*

Brun, Michel, Lapoutroil, 75 ligne, 1er b., 3e c., sergent, coup de feu à la poitrine. *Hôpit. de barr. n° 7 Mannheim.*

Bernard, Victor, Nancy, 75e ligne, gravement blessé. *Hôpit. de l'Ecole forest., Nancy.*

Breitenstein, Jacques, Lemtach, 12e ligne, gravement blessé. *Hôpit. de l'Ecole forest., Nancy.*

Brossier, Lazare, Prémery, 12e ligne, gravement blessé. *Hôpit. de l'Ecole forest., Nancy.*

Bonchou, Eugène, Luneville, 57e ligne, gravement blessé. *Hôpit. Ste-Marie, au Chênes.*

Boitien, Hadrian, Tressan-Lassart, 94e ligne. *Hôpit. Ste-Marie, au Chênes.*

Buron, François, Boymard, 72e ligne. *Hôpit. Ste-Marie, au Chênes.*

Barbé, Emile, Royan, 10e ligne. *Hôpit. Ste-Marie, au Chênes.*

Boffy, Jules-Joseph, 5e ligne. *Hôpit. de rés.. Stolpe.*

Bloud, Pierre, Ste-Marie, 13e chass. à pied, 2e c. *Hôpit. de rés. n° 1, Francf.-s/M.*

Boto, Armand, Chévrien Grand-Villier, 64e ligne, 3e c. *Hôpit. de rés. n° 1, Francf -s/M.*

Bartel, Albert, Strasbourg, 9e ligne, 4e b., sergent. *Hôpit. de rés. n° 1, Francf.-s/M.*

Bon. Gabriel, Vendeuvre, 57e ligne, 2e b. *Hôpit. de rés. n° 1, Fr mcf.-s/M.*

Bauer, Jacques, Miederbronn, 57e ligne, 5e b., caporal. *Hopital de réserve n° 1, F ancfort-sur-Mein.*

Ben Aiga ben Ali, Hordège, 1er turcos, 10e b. *Hôpit. de rés. n° 1, Francf.-s/M.*

Baidés, Joseph, Prauert, 2e ligne, 6e b. *Hôpit. de rés. n° 1, Francf.-s M.*

Ben Ayed ben Moboul, Kaidat-Oran, 2e turcos. *Hôpit. de rés. n° 1, Francf.-s/M.*

Ben Solimann Hermerem, Hantene. 3e turcos, 1re c., caporal. *Hôpit. de rés. n° 1, Francfort-sur-Mein.*

Bilhard, Albert, 3e zouaves. *Hôpit. de rés. n° 1, Francf -s/M.*

Bazire. Henri, St-André, 8e chass. à pied, 3e b. *Hôpit. de rés. n° 1, Francf.-s/M.*

Bartée, Jean, St-Loire, 97e ligne, 6e c. *Hôpit. de rés. n° 1, Francf.-s/M.*

Baton, Pasqual, Chazelle, 91e ligne, 3e c. *Hôpit. de rés. n° 1, Francf.-s/M.*

Bonnet, Jean-S., Lyon, 9e ligne, 2e c., sergent-major. *Hopit. de rés. n° 1, Francf.-s/M.*

Brenner, Jean-Baptiste, Ohenheim, 4e artill.. 7e batt. *Hôpit. de rés. n° 1, Froncf.-s/M.*

Bernard, Auguste. Bonbaise, 9e ligne. *Hôpit. de réserve n° 1, Francf-s M.*

Brions, Jean, Fonteville, 70e ligne, 4e c. *Hôpit. de rés. I, Francf.-s/M.*

Battin, Pierre, Fraint-Sourage. 93e ligne, 5e c. *Hôpit. de rés. I. Francf.-s M.*

Baedie, Jean, Goudou (Loire), 50e ligne, 1er b., 5e c., fracture de l'avant-bras et de la cuisse. *Hôpit. de barr. n° 6, Mannheim.*

Bar ben Ahmed, Alger, 1er turcos, 3e b., 5e c., coup de feu à la poitrine. *Hôpit. de barr. n° 6. Mannheim.*

Ben Ali Lakdar, Alger, 1er turcos, 3e b., 3e c., coup de feu et fracture du bras. *Hôp. de barr. n° 6 Mannheim.*

Bercasen ben hadj, Alger, 1er turcos, 2e b., 1re c. *Hôpit. de barr. n° 6, Mannheim.*

Besse, Victor, Torsan, 74e ligne, 1er b., 3e c. *Hôpit. de barraque n° 6, Mannheim.*

Bichot, Henri, Vire (Calvados), 74e ligne, 3e b., caporal, coup de feu à la cuisse gauche. *Hôpit. de barr. n° 6, Mannheim.*

Betille, Louis, Oasovie (Aveyron), 96e ligne. *Nouv. séminaire, Carlsruhe.*

Boizard, Emile, Raucourt (Ardennes), 3e zouaves. *Nouv. Séminaire, Carlsruhe.*

Baeh, Emile, Lavoilte (Ardèche), 78e ligne, capit.-adj.-major. *Hôpit. milit., Carlsruhe.*

Brunet, Jean-Baptiste, Grenoble, 1er zouaves, 5e c., lieutenant, coup de feu dans l'œil gauche et pied gauche. *Oberndorf.*

Bastien, Louis, Regnonville, 74e ligne. *Seilerbahn.*

Bonnet, Jacques, Lamastre-Ardèche, 3e zouaves, 3e c.. coup de feu au bras. *Seilerbahn.*

Batrix, Jos., Varangueber, 12e ligne. *Hopt. de réserve Schwetzingen.*

Bourlon, Charles, Fagniere, 73e ligne. *Hopt. de réserve Schwetzingen.*

Bodroise, Louis, Lurcin, 12e ligne. *Hopt. de réserve Schwetzingen.*

Boulanger, Theoph., Tieb, 65e ligne. *Hopt. de réserve Schwetzingen.*

Bernard, François, Nantes, 25e ligne. *Hopt. de réserve Schwetzingen.*

Bray, Jos., Escalance, 66e ligne. *Hopt de réserve Schwetzingen.*

Berivain, J., Ploven, 65e ligne. *Hopt. de réserve Schwetzingen.*

Belgueuls, L., Vise le Saut, 93e ligne. *Hopt. de réserve Schwetzingen.*

Boyren, F., Vaisseaux, 10e ligne. *Hopt. de réserve Schwetzingen.*

Braquet, Louis, Vervant (Charente), 50e ligne, coup de feu et fracture de la cuisse gauche. *Hopt. Ecole de Tir, Mannheim.*

Brun, Michel, Lapoutroie, 75e ligne, 1er b., 3e c., sergent, coup de feu à la poitrine. *Hôpit. Ecole de Tir, Mannheim.*

Bastien, Louis, Regnoville, 74e ligne. *Hôpit. Ecole de Tir, Mannheim.*

Belchever, Mahomed, Ténèz, 1er turcos, sergent. *Hôpit. Ecole de Tir, Mannheim ou Seilerbahn.*

Bonnet, Jacques, Lamassre, 3e ligne, 3e c., coup de feu au bras. *Hôpit. Ecole de Tir, Mannheim.*

Ben-Guerfi, Mahomed, Guillemat, 3e turcos, 1er b., 3e c. coup de feu au bras et à la poitrine. *Kronprinzen à Hollstein.*

Bretagne, Gustave, Caincy (Nièvre), 50e ligne, 3e b., caporal, coup de feu au bras. *Hpt. milit. Moabit, Berlin.*

Ben-Ani, Mechilad, Alger, 1er turcos, 6e c., coup de feu à la main. *Hôpit. milit., Moabit, Berlin.*

Brunet, Ferdinand, 90e ligne, 2e b., 3e c., caporal, coup de feu au mollet droit. *Ambulance Colligny.*

Ballou, Joseph, 41e ligne, coup de feu à la poitrine, *Ambulance Colligny.*

Bazières, Jean, 46e ligne, 6 c., *Ambulance Halle s/S.*

Bougaud, Edouard, 40e ligne, 5 c. *Ambulance Halle s/S.*

Brat, Martin, 53e ligne, 4e c. *Ambulance Halle s/S.*

Bladin, François, Petteron-de-Nantes, 94e ligne, 4e c., gravement bl. *Hôpit. Ste-Marie, aux Chênes.*

Bertram, Gabriel, Fontrailles, 53e ligne, clairon, Typhus. *Hôpit. de barr. Giessen.*

Barral, Louis, Voiron, 1er zouaves, 3e b., 1re c., sergent-major, catarrhe. *Hôpit. de barr. Giessen.*

Brand, Jacques, 2e train d'artill. *Hôpit. de réserve, Brieg.*

Bonnet, Louis, 2e inf. de marine, 2e b., 20e c. *Hôpit. de réserve, Brieg.*

Beausonné, Félix, 12e artill. monté. *Hopit. de réserve, Brieg.*

Bantigny, Henri, 9e artill. monté. *Hôpit. de réserve, Brieg.*

Bourdon, Charles, 79e ligne, sect. hors rangs. *Hôpit. de réserve, Brieg.*

Bernard, Victor, 79e ligne, 1re b., 3e c., caporal. *Hôpit. de réserve, Brieg.*

Berlin, Eugène, 2e inf. de marine, 2e b., 20 c., sergent fourrier. *Hôp.t de réserve, Brieg.*

Baral, Augustin, 9e artill. monté. *Hôpit. de réserve, Brieg.*

Berivain, Jean, Plouiout, 65e ligne, coup de feu au pied droit, *Hôpital de réserve, Schwetzingen.*

Bibion, Eug., St-Joseph, 6e chasseurs, *Hôpital de réserve, Schwetzingen.*

Bouchacourt, Cl. Lugny, 62e ligne, *Hôpital de réserve, Schwetzingen.*

Balzac, Jean, Pampelone, 67e ligne, *Hôpital de réserve, Schwetzingen.*

Boulange, Th., Dieppe, 65e ligne, *Hôpital de réserve, Schwetzingen.*

Barba, Nicolas, 63e ligne, coup de feu au pied droit, *Baraque II, Berlin.*

Brodas, François, 24e ligne, coup de feu au pied droit, *Baraque II, Berlin.*

Bucker, Pierre, 21e ligne, coup de feu à la jambe, *Baraque II, Berlin.*

Bajard, Bonaventure, 65e ligne, coup de feu au pied droit, *Baraque II, Berlin,*

Burné, Aimé, 54e ligne, coup de feu à la cuisse droite, *Baraque II, Berlin.*

Bardé, Alphonse, 1er ligne, coup de feu à la jambe droite et fesse gauche, *Baraque II, Berlin.*

Bonnet, Jean-Louis, 9e ligne, sergent-major, coup de feu à la cuisse droite et au pied droit, *Hopital, à Cologne.*

Boubaud, Adrien, Vaucluse, 73e ligne, sapeur, *Hopital à Cologne.*

Besset, Marcelin, 1er d'artil., 12e b., *Hopital de réserve, Quedlimbourg.*

Barbier, 15e chasseurs à pied, blessure grave, *Hopital de Pange.*

Ben Younis ben Abdel-Kader, Oran, 2e turcos, 1er b., 2e c., coup de feu au pied g., *Couvent des Dominicains, Düsseldorf.*

Baba ben Hassem, Constantine, 3e turcos, *Hopital militaire de Spandau.*

Beneck, Joseph, Caylos, 76e ligne, *Hopital militaire de Spandau.*

Barrey, Jos.-Léon, Chevreuse, 65e ligne, capitaine, *Hopital de la garnison, Carlsruhe.*

Barbe, Jean, Dieppe, 73e ligne, 2e b., éraflure au bas gauche, *Hopital de réserve III, Leipzig.*

Béoilacqua, Mathieu, Crosiquia, 10e ligne, 3e b., coup de feu à la jambe droite, *Hopital de réserve III, Leipzig.*

Bourginon, François, Sillejourdins, 9e chass. à pied, 9e b., coup de feu aux jambes, *Hopital de réserve III, Leipzig.*

Breto, Félix, Banville, 24e ligne, 4e c., coup de feu à l'avant-bras droit. *Hôp. de rés., Weilbach.*

Berrod, François, Montouget (Ain), 2e zouave, *Baraque Mons, Heidelberg.*

Bendeyb, Mohamed, Afrique, turcos, *Hopital civil, Stuttgart.*

Bonnefoy, Médaco, 24e ligne, 2e c., *Hopital milit., Berlin.*

Bacho, Jean, La Garnage, 93e ligne, 3e b., coup de feu à la cuisse, gauche *Neustadt, évacué à Mayence.*

Boibeaut, Andreas, Mogyent (Aisne), 4e ligne, dyssent., *où ?*

Bournet (de), 19e artillerie, sous-lieutenant, *Reichshoffen.*

Bernadet, 8e cuirassiers, lieutenant, *évacué à Haguenau.*

Bourson, 56e ligne, lieutenant, *Haguenau.*

Baëlen, 56e ligne, lieutenant, *Haguenau.*

Blondeau, 56e ligne, capitaine, *on ne sait où ?*

Broussin, 56e ligne, lieutenant, *on ne sait où ?*

Biserbol, Jacques, Perpignan, 3e ligne, 12e c., coup de feu à l'avant-bras droit, *Hopital militaire à Sachsenhausen.*

Boni, Pierre, 72e ligne, *Hopital de réserve II, à Braunschweig.*

Bertrand, Jean-Baptiste, 46e ligne, sergent, *Hopital de réserve II à Braunschweig.*

Barat, Alexandre, 20e ligne, *Hopital de réserve II à Braunschweig,*

Blanc, Joseph, 11e artillerie, *Hôpital de réserve II à Braunschweig.*

Baudet, Pierre, 58e ligne, *Hopital de réserve II à Braunschweig.*

Brussard, Jean, 37e 2e c., *Hopital de réserve II à Leipzig.*

Bouaste, Ferdinand, St-Philippe d'Equille, 72e ligne, 3e c., *Hopital de réserve à Leipzig.*

Berthon, Pierre, 7e artillerie, *Hopital de réserve II à Braunschweig.*

Bonhamme, Joseph, Bedassèdes, 57 ligne, 3e b., 2e c., coup de feu à l'épaule gauche, *Hopital des Baraques, à Giessen.*

Beck, Guillaume, chasseurs à pied, *Hopital militaire à Giessen.*

Benkert, Fr., 96e ligne *Hopital militaire à Giessen.*

Bertram, Gabriel, Fontrieille, 53e ligne, clairon, typhus, *Hopital militaire à Giessen.*

Bretagne, Gustave, 50e ligne, caporal, *Hopital militaire à Giessen.*

Bass, François, Guise, 63e ligne, 4e c., *Hopital de réserve no 1, à Francfort-sur-le-Mein.*

Breto, Félix, Banville, 24e ligne, 4e c., *Hopital de réserve no 1, à Francfort-sur-le-Mein.*

Bretagne, Clamecy (Nièvre), 50e ligne, 3e c., caporal, coup de feu à la fesse, *Caserne des Uhlans à Berlin.*

Barbe, Ambroise, Villedieu, (Ardèche), 84e ligne, *Hopital militaire à Berlin.*

Bellot, Ang., Charné (Charente), 52e ligne, *Hopital militaire à Berlin.*

Beaudoin, Nicolas, Bruvette (Moselle), 2e génie, *Hopital militaire à Berlin.*

Braise, Antoine, James, 65e ligne, *Hopital de réserve à Schwetzingen.*

Blaise, Jean, Lusse, 3e ligne, *Hopital de réserve à Schwetzingen.*

Bin, Joseph, Kierne, 9e chasseurs, *Hopital de réserve à Schwetzingen.*

Bauka ben Morai, Alger, 3e turcos, *Hopital de réserve à Francfort-sur-le-Mein.*

Bolozou, Caliste. Trefort, 8e cuirassiers, *Hopital de réserve à Francfort-sur-le-Mein.*

Bertrand, Henri, Château d'Esbly, 40e ligne, lieutenant, *St-Hedwig, Berlin.*

Bajat, Jean, Abbeville, 32e ligne, capitaine, *St-Hedwig, Berlin.*

Bretagne, 50e ligne, caporal, *Hopital de réserve, Cassel.*

Boilley, 48e ligne, lieutenant, *Hopital de réserve, Cassel.*

Beaumelle, 30e ligne, lieutenant, *Hopital de réserve, Cassel.*

Baujean, Félix, Metz, 45e ligne, *Hopital de réserve, Cassel.*

Barnoin, Antoine, 32e ligne, 4e c., caporal, *Hopital de réserve St-Anne à Lubeck.*

Barbier, Eugène, 67e ligne, 3e c., caporal, *Hopital de réserve St-Anne à Lubeck.*

Beinon, Alexis, 91e ligne, 3e c., *Hopital de réserve St-Anne à Lubeck.*

Bollier, Jean-Bapt., 2e garde, 3e c., *Hopital de réserve St-Anne à Lubeck.*

Boulbès, Bapt., 77e ligne, *Maison de travail, Altona près Hambourg.*

Berge, Jean-Pierre, 77e ligne, 6e c., *Maison de travail, Altona près Hambourg.*

Beniche, Jérôme, 3e chass. à cheval, 3e escadron, *Maison de travail, Altona près Hambourg.*

Barrelet, Adolphe, 23e ligne, 6e c., *Maison de travail, Altona près Hambourg.*

Bodrer, Charles, 77e ligne, 1 c., *Maison de travail, Altona près Hambourg.*

Blantier, Joseph, 12e chass. à pied, 6e c., *Hopital de réserve à Lubeck.*

Berten, Pierre, 67e ligne, 1e c., *Hopital de réserve à Lubeck.*

Bixeyre, Pierre, 67e ligne, 4 c., *Hopital de réserve à Lubeck.*

Bourret, Claude, 23e ligne, 4e c., *Hopital de réserve à Lubeck.*

Balasteguin, Jean, 94e ligne, 4e c , caporal, *Hopital de réserve à Lubeck.*

Berry, Jos. Scolause, 66e ligne, *Hopital de réserve à Schwetzingen.*

Blanchet, Louis-Aug., 54e ligne, *Hopital de réserve à Dessau.* †

Brunnet, Jean-Bapt., Grenoble, 1er zouaves, 5e c., lieutenant, coup de feu dans l'œil gauche et pied gauche, *Hopital de Mannheim.*

Bastin, Louis, Regnouville, 74e ligne, *Hopital de Mannheim.*

Belchever, Mohamed, Ténèz (Alger), 1er turcos, sergent, *Hopital de Mannheim.*

Bresolles, Edmond, Castres, (Tarn) 45e ligne, 5e c., sergent, *Hopital de Mannheim.*

Berrier, J.-B., Auberive, 74e ligne, éraflure à la poitrine gauche, *Hopital de Mannheim.*

Braquet, Louis, Vervant, 50e ligne, haut de la cuisse gauche, *Hopital de Mannheim.*

Brun, Miot, Lapoutroie, 75e ligne, sergent, coup de feu à la poitrine, *Hopital de réserve, Schwetzingen.*

Billion, Jean, Quenstroff, 57e ligne, *Hopital de réserve, Schwetzingen.*

Bignolat, Voronne, 23e ligne, *Hopital de réserve, Schwetzingen.*

Bondin, Jos., Quatascorni, 2e chass., *Hopital de réserve, Schwetzingen.*

Boytre, F., Thomery, 10e ligne, *Hopital de réserve, Schwetzingen.*

Blin, Louis, Brevainville, 28e ligne, *Hopital de réserve, Schwetzingen.*

Bussy, Adonis, Barneville (Eure), 10e ligne, 1er b., 4e c., coup de feu dans les deux pieds. *Spire.*

Brion, Jean, Corbigny, (Nièvre), 9e ligne, 3e b., 4e c., coup de feu à l'épaule, *Spire.*

Bender, Jean, 1er turcos, trompette, coup de feu à la cuisse gauche, *Baraque II, Berlin.*

Bellefort, Alexandre, 74e ligne, coup de feu à la cuisse droite, *Baraque II, Berlin.*

Bodigne, Joseph, 24e ligne, coup de feu à la cuisse gauche, *Baraque II, Berlin.*

Bibet, Victor, 3e zouave, coup de feu à la fesse gauche, *Baraque II, Berlin.*

Bandas, Auguste, 99e ligne, caporal, coup de feu à la jambe gauche, *Baraque II, à Berlin.*

Brochard, Alexis, 76e ligne, coup de feu au bras droit, *Baraque II, Berlin.*

Brètagne, Gustave, 50e ligne, 2e b., 3e c., caporal, *Baraque III, Berlin.*

Begoc, Yves, 24e ligne, coup de feu au bras gauche, *Baraque II, Berlin.*

Belanger, Benj., 3e Inf. de marine, 1er b., 2e c., *Hôpit. de réserve, Brieg.*

Bourdeley, Marie-Th., 9e artill. monté. *Hôpit. de réserve, Brieg.*

Blanc, Pierre, 19e artill. monté. *Hôpit. de réserve, Brieg.*

Bordin J.-A.-L.-M., 1er génie. *Hôpit. de réserve, Brieg.*

Bouvard, Etienne, 11e artill. monté. *Hopit de réserve, Brieg.*

Bard, Jules, 19e artill. monté. *Hopit. de réserve, Brieg.*

Bonvoisin, Eugène, 79e ligne, 1er b., 6e c. *Hopit. de réserve, Brieg.*

Bénézit, Claude, 62e ligne, 4e b., 4e c. *Hopit. de réserve, Brieg.*

Belléhad, Amet, 1er tiraill., Alger, 3e b., 4e c. *Hopit. de réserve, Brieg.*

Boisseau, François, 14e art. monté. *Hopit. de réserve, Brieg.*

Bousquet, Corbière, 50e ligne, 1er c. *Hopit. de réserve, Francfort-s/M.*

Buscail, Dominique, Odeillo, 3e ligne. *Hopit. Weinheim.*

Berteleau, Severe, Barlach (Tousey), 56e ligne, 1er b., coup de feu à la cuisse. *Wissembourg.*

Benoit, Raj., Dorgne (Nièvre), 9e art., 9 batt., coup de feu au genou, † le 30 Août. *Wissembourg.*

Barnau, Phil., Ubraye, 3e ligne, 2e b. *Hopital Spandau.*

Banoin, Aug., Roli, train des équip. 12e c. *Hopital Spandau.*

Bivielle, Etienne, Metz, 6e ligne caporal. *Hopital Spandau.*

Burguet, Jean, Laos, 58e ligne, 4e c. *Hopital Spandau.*

Bru, Louis, Colignaix, 58e ligne, 3e c. *Hopital Spandau.*

Bertholet, Al., Castres, 6e d'art., 2e batt. *Hopital Spandau.*

Blaize, Victor, Ebershaus, 11e d'art., 4e batt. *Hopital Spandau.*

Bouches, Jean, 96e ligne. *Hopital Spandau.*

Berthelot, Louis. 7e d'art., 4e batt. *Hopital Spandau.*

Benne, Pierre, 3e zouaves, 2e b., 2e c. *Hopital Brieg.*

Bost, Jean, 83e ligne, 1er b., 2e c. *Hopital Brieg.*

Berjaud, Louis-Mathieu, 52e ligne, 3e b., 6e c. *Hopital Brieg.*

Bompart, Jean-Math., 83e ligne, 1er b., 4e c. *Brieg.*

Bourlot, Constant.-Joseph, 3e tiraill., 2e b., 5e c., sergent-major. *Hopital Brieg.*

Beaumont, Eug.-Mart., 74e ligne, 1er b., 8e c. *Hôpital Brieg.*
Blaissi, Felix, 20e chass. à pied. *Hôpital Spandau.*
Bayard, Jules, 1er ligne, 4e c., caporal, *Hôpital Spandau.*
Bonigner, Jean, 38e ligne, 3e c. *Hôpital Spandau.*
Bigneux, Pierre, Moutier, 1er ligne, 5e c. *Spandau.*
Bassel, Charles, Larondemaye, 6e ligne, 4e c. *Spandau.*
Boderie, Louis, Coissez (Vendée), 54e ligne, coup de feu. *Spandau.*
Braudin, Joseph, Marseille, 27e ligne, coup de feu au pied. *Pont-à-Mousson.*
Brassier, Edouard, Chantilly, 3e zouaves, 4e c., fièvre. *Heidelberg.*
Bajat, Louis, Voiron (Isère), 47e ligne, fièvre. *Heidelberg.*
Bignan, Eugène, 28e ligne, sous-lieut. *Wiesbaden.*
Besson, Sephirin, 12e ligne, lieut. *Wiesbaden.*
Boulet, Etienne, 47e ligne. *Bischwiller.*
Beilles, 45e ligne. *Bischwiller.*
Bougeotte, Aug., 56e ligne. *Bischwiller.*
Boucher, Aimé, 78e ligne. *Bischwiller.*
Baron, Julien, 36e ligne. *Bischwiller.*
Bonnet, Louis, 2e zouaves. *Bischwiller.*
Blanc, Christophe, Mauvoi, 3e ligne. *Giessen.*
Bendjioul, Mohamed, Afrique, 1er turcos, 4e c. *Bruchsal.*
Barrère, Denis, 17e chass. à pied, sergent-major. *Bischwiller.*
Bertellet, Marie, Ambléon, 79e ligne. 3e c. *Leipzig.*
Boux, Jean, Briou, 12e ligne 1re c. *Leipzig.*
Bonsorm, François, St-Paul, 17e ligne, 4e c. *Leipzig.*
Bartholemé, François, Condom, 82e ligne, 3e c., coup de feu au bras droit. *Leipzig.*
Bury, Achille, Rieux, 61e ligne, 4e c., coup de feu à la poitrine. *Leipzig.*
Bouillard, Morne, Latutte, 44e ligne, 3e c. *Francfort-s/O.*
Baelst, Charles-François, Longoy, 17e art., 5e batt. *Francfort-s/O.*
Briant, Louis, Drangé, 62e ligne, 1re c. *Francfort-s/O.*
Bourg ou ouvy, Charles, Paris, 1er turcos, 4e c. sergent-major. *Francf.-s/O.*
Bertout, Jean, Monistole, 50e ligne, 1re c. *Francfort-s/O.*
Baptiste, Eug.-Jean, St-Benoit-de-Ciotas, 3e zouaves, 5e c. *Francfort-s/O.*
Burieux, Jean-Pierre, Montvernier, 6e cuir. 4e escad., brigadier. *Francfo t-s/O.*
Boyer, Augustin, 94e ligne, 1re c. *Carthausen,* † le 3 Oct. du typhus.
Berthelot, Maurion, Ecoufflant (Maine), 3e zouaves, 2e b., 4e c. *Neisse,* † le 3. Oct. de bless.
Berthelemy, 77e ligne, 6e c. rés , *Coblence,* † le 2 Oct. de bless.
Bried, Alexandre, 1er infant. de marine. *Posen,* † le 24 Sept. d'apopl.
Belin, Louis, Mayence, † le 18 Août de bless.
Bernardin, 70e ligne, caporal. *Wittenberg,* † le 27 Sept. de bless.
Blass, Jean Pierre 24e ligne. *Coblence,* † le 11 Sept. de bless.
Barrier, Charles, 5e artill., 11e batt. *Coblence,* † le 23 Sept. de bless.
Baudeville, Jean-François, (Seine et Marne), 7e cuirass. *Mayence,* † le 25 Sept. du typhus.
Boeuf, Jean, 1er chass. à pied. *Cologne,* † le 24 Sept. de dyssenterie.
Bourgeois, Aug., 68e ligne. *Cologne,* † le 24 Sept. de dyssenterie.
Blanchard, Isidor, 3e génie, 2e b., 5e c. *Spaudau,* † le 30 Sept. du typhus.
Bodwin, Toussaint, 94e ligne. *Coblence,* † le 11e Sept. de bless.
Bouriot, firmin 8e lanciers. *Spandau,* † le 5 Oct. de dyssenterie.
Billa, Pierre, Polignac (Gironde), 52e ligne. *Posen,* † le 5 Oct. du typhus.
Bonneau, Pierre, Nérigeau (Gironde), 72e ligne. *Posen,* † le 6 Oct. du typhus.
Brousse, Antoine, 91e ligne, *Danzig,* † le 4 Oct. de bless.
Bonhomme, Jacques, Tours, c. de St-Dié, 35e ligne, 3e b. 4e c. *Wesel,* † le 2 Oct. de la pet.-vér.
Belin, Constant, 1er inf. de marine. *Glogau,* † le 7 Oct. du typhus.
Breillat, Pierre, (Deux-Sèvres), 38e ligne. *Glogau,* † le 7 Oct. de fièvre.
Breuillé, Pierre, 58e ligne. *Wittenberg.* † le 5 Oct. de fièvre.
Beaufils, Pierre, 10e ligne, 4e b., 5e c. *Wittenberg,* † 5 Oct. de fièvre.
Briand, Pierre, 50e ligne. *Stettin,* † le 2 Oct. du typhus.

Colville, Charles, Paris, 96e ligne, 3e c., caporal, fracture des cuisses. *Hôp. de rés., Kirchheim.*
Courseille, Emile, Nancy, 2e zouaves, 4e c., coup de feu aux reins, *Hôp. de rés., Kirchheim.*
Charpie, Charles, 99e ligne, 2e c. *Hôp. mil., Berlin.*
Candre, Joseph, 2e artill. *Hôp. mil., Berlin.*
Carpentier, Auguste, 17e ligne, 3e c., sergent *Hôp. mil., Berlin.*
Catarigion, 2e zouaves, 2e c. *Hôp. mil., Berlin.*
Catre-ben-Alid, 2e turcos, 5e c. *Hôp. mil., Berlin.*
Cot, 24e ligne, 5e c., sergent. *Hôp. mil., Berlin.*
Cabanier, Pierre, 48e ligne, 6e c. *Hôp. mil., Berlin.*
Claire, Germain, 13 ligne, 1er b., 6e c. *Hop. d'Hildburghausen.*
Caron, Auguste, 9e cuirass., 3e c. *Hôp. d'Hildburghausen.*
Chibrac, Pierre, Villendant, 2e ligne, 2e b., 5e c., l'index droit amputé. *Hôp. de rés., Giessen.*
Carre, Antoine, Maliver, 24e ligne, 1re c., coup de feu à la cuisse. *Hôp. de rés., Weilbach.*
Court, Jean, Castres, 2e zouaves. *Hôpit. Charlottenburg.*
Capy, Charles, Reims, 1er turcos, clairon. *Hôpit. Charlottenburg.*
Castain, Pierre, Britonnie, 45e ligne. *Hôpit. Charlottenburg.*
Causson François, Rouillé. 40e ligne. *Hôpit. Charlottenbourg.*
Claux, Oscar, Sacy-le-Petit, 3e chass. à pied. *Hôpit. Charlottenbourg.*
Chamillard, Paul-Napoléon, Amiens, 29e ligne, sous-officier. *Hôpit. Charlottenburg.*
Cavallerie, Joseph, Maleville, 98e ligne. *Hôp. Charlottenburg.*
Coste, Joseph, Thuir, 50e ligne. *Hôpit. Charlottenburg.*
Cherrier, Etienne, Regny, 40e ligne. *Hôpit. Charlottenburg.*
Clement Paul, St-Omer, 1er chass. à pied, 5e c., sergent. *Marienberg.*
Chaste, Jean-Théodore, Lyon, 17e ligne, 2e b., 4e c. *Marienberg.*
Collin, Louis, Neufbrisach, 74e ligne. 2e b., 3e c. *Marienberg.*
Café, Alfphonse, Strasbourg, 96e ligne, 3e b., 3e c. *Marienberg.*
Closter, François, Strasbourg. 96e ligne, 2e b., 5e c. *Marienberg.*
Charton, Adolphe, Toulouse, 8e chass. à pied, 6e c. *Marienberg.*
Capron, Jules, Marseille. 13e chass. à pied, 2e c. *Marienberg.*
Carlin, Joseph, Marseille, 13e chass. à pied,, 2e c. *Marienberg.*
Cadout, Lucien, Marseille, 13e chass. à pied, *Marienberg.*
Chossenet, François, 5e c. caval. de remonte (ordonnance du capitaine Aignan). *Marienberg.*
Crombet, Amon-Victor, Valence, 19e artil., 7e b. *Marienberg.*
Cornillard, François, Thonon (Haute-Savoie), 2e zouaves, bl. à la cuisse gauche. *Où ?*
Caron, Auguste, 3e escadron (?). *Hildburgshausen.*
Claire, Germ., 13e ligne, 1er b., 6e c. *Hildburgshausen.*
Chasparol, Louis, 50e ligne, 3e b., 3e c. *Hofgeismar.*
Courault, Claude, Niort, 50e ligne. 3e b., 6e c., caporal. *Hofgeismar.*
Cegailcher, François, Finistère. 17e ligne, état-mjor. *Hofgeismar.*
Chevelle, César, Toil, 74e ligne, 3e b., 4e c., caporal. *Hofgeismar.*
Clergue, Jean, Pyrénées, 50e ligne, 1er b., 3e c. *Hofgeismar.*
Caquinon, Louis (Allier), 9e artill., 12e batt. *Hofgeismar.*
Cochet, Louis, Paris, 74e ligne, 1er b., 5e c., caporal. *Hofgeismar.*
Crosse, B., Bronopel, 74e ligne, 1er b., 6e c. *Hofgeismar.*
Comment, N., 6e lanciers, 1re c. *Hofgeismar.*
Clochard, 50e ligne. *Cassel.*
Chevreuil, 50e ligne, 12e c. *Cassel.*
Castel, 36e ligne, capitaine. *Cassel.*
Coquillard, 50e ligne. *Cassel.*
Caiter Belgassem, turcos. *Cassel.*
Casinei Germain Duradan, 56e ligne, capitaine. *Cassel.*
Colomb, Ulysse, 47e ligne. *Cassel.*
Collinet, Ch.-J., Passavant, 18e ligne. *Cassel.*

Cadet Victor, St-Sulpice-les-Champs, 48e ligne. *Cassel.*

Chevalier, Louis, Issoudun, 48e ligne, 2e b., 6e c., coup de feu à l'avant-bras droit. *Heidelberg.* †

Combes, François-Marie, Monpellier, 2e zouaves, 2e b., 3e c., coup de feu près l'épaule droite. *Heidelberg.*

Caynon, Aug., Airaines (Somme), 21e ligne, 1re c., coup de feu dans la poitrine. *Hóp. III (Université) Heidelberg.*

Crainvillier, Isidor, Carlebranche (Ardennes), 1er turcos, capitaine, deux coups de fusil au bras et cuisse. *Edenkoben.* † le 15 Août.

Claude Auguste, Monceaux-le-Neuf (Aisne), 74e ligne, 1er b., coup de feu dans le côté droit. *Edenkoben.* † le 26 Août, à *Mannheim.*

Coste, Hippolite, Seran, 99e ligne, 1er b., 3e c., coup de feu dans la hanche. *Edenkoben.* † le 26 Août, à *Manheim.*

Cardacs de Landrons (de), 13e chass. à pied, capitaine. *Reichshoffen.*

Cabrié, 2e cuirass., capit. *Niederlronn.*

Carle, 96e ligne, capitaine. *Niederbronn.*

Cambriel, Alexis, 78e ligne, sous-lieut. *Niederbronn.*

Canelle de Lalobbe, 2e zouaves, sous-lieut. *Niederbronn.*

Charton, 56e ligne, adjudant. *Reichshoffen*, a été à *Froeschwiller* et évacué depuis.

Chereau, 2e zouaves, lieutenant. *Reichshoffen*, a été à *Froeschwiller* et évacué depuis.

Cheylard, 2e zouaves, sous-lieut., bless. au bras. *Reichshoffen.*

Curé, 56e ligne, sous-lieutenant, blessé, *on ne sait où.*

Couet, Charles, Estrelle, 25e ligne, 3e b., blessure à la jambe gauche. *Neustadt.* Evacué à *Mayence.*

Costivint, François, Rennes, 60e ligne, coup de feu à l'ép. g. *Sœurs de la Charité, Darmstadt.*

Claustre, Domaure, Grandtrois, 66e ligne, 1re c., c. de feu au bras d. *Sœurs de la Charité, Darmstadt.*

Carragol, Hector, Champagne-Mouton, 99e, 4e c., coup de feu main gauche. *Maison de l'Orangerie, Darmstadt.*

Cordier, Narcisse, Châteauneuf, 24e ligne, coup de feu à l'aine. *Maison de l'Orangerie, Darmstadt.*

Constant, Lusiar, Mamers, 10e ligne. *Hópit. de rés., Schwetzingen.*

Challet, Jacques, Mondy, 9e ligne. *Hópit. de rés., Schwetzingen.*

Comte, Ed., Villeté, 73e ligne. *Hópit. de rés., Schwetzingen.*

Canot, André, Blusel, 8e ligne. *Hop. de rés., Schwetzingen.*

Cartaiguel, L., Bellevie, 5e ligne, bronchite. *Hopit. de rés., Schwetzingen.*

Catros, J., St-Brieuc, 75e ligne, coup de feu à la cuisse gauche. *Hopit. de rés, Schwetzingen.*

Chappalin, M., Prémélin, 43e ligne, coup de feu à la jambe. *Hóp. de rés., Schwetzingen.*

Chevalier, Louis, Lulley, 25e ligne. *Hópit. de rés, Schwetzingen.*

Charton, Adolphe, Arras, 1er zouaves, 3e b., 1re c. *Hópit. civil, Stuttgart.*

Crouvoozier ou Courvoisier, Isidor, Sabois, 13e chass. à pied. *Maison des Garçons de Métier, Stuttgart.*

Chedemann, Const., Grandpré, 48e ligne, 1er b., 5e c. *St-George, Augsbourg.*

Chardon, Pierre, Lauche (Pas-de-Calais), 13e chass. à pied, 2e c. *St-George, Augsbourg.*

Clostre, Etienne, St-Girons (Ariége), 17e ligne. *St-George, Augsbourg.*

Cazenave, Pierre, Bizanos, Pau (Basses-Pyrénées), 3e ligne, musicien. *St-George, Augsbourg.*

Cornu, Jules, Paris, 2e zouaves. *St-Sébastien, Augsbourg.*

Cadair, Bousser, Mostaganem, 2e turcos. *St-Sébastien, Augsbourg.*

Cassanier, Emile, Crest (Drôme), 72e ligne. *St-Sébastien, Ausgbourg.*

Chaboux, Claude, St-Béron, 43e ligne. *Hopit. de rés., Schwetzingen.* † le 30 Octobre, à *Francf.*

Chatron, Praux, 98e ligne. *Hop. de rés., Schwetzingen.*

Creton, Denis, Carpeutras, 26e ligne. *Höpit. de rés., Schwetzingen.*

Castex ou Castets, Jean, Peyrorade (Landy), 50e ligne, 3e b., coups de feu aux 2 av. bras. *Hopital militaire Wissembourg.* †

Courneux, Réné, 2e train d'art. *Hopital de réserve, Brieg.* Sorti.

Colonet, Alex., Vienne, 8e artill., 2e batt. *Hopital Spandau.*

Collet, François, Apomont le forêt, 20e ligne, 6e c., caporal, *Hopital Spandau.*

Clavery, Pierre, 50e ligne, 2e b., 6e c. *Hôpital Brieg.*

Clédat, Etienne, 47e ligne, 3e c. *Hôpital Spandau.*

Cornaille, François, 38e ligne, 2e c. *Hôpital Spandau.*

Creveau, Auguste, 20e ligne, 2e c. *Hôpital Spandau.*
Cornier, Georges, St-Etienne s/Char., 8e artill. *Hôpital Spandau.*
Caissai, Louis, Theimenes, 6e artill., 8e b. maréchal-des-logis. *Hôpital Spandau.*
Charpentier, Paul, Avarey (L. et Ch.), 94e ligne, *Pont-à-Mousson*
Chrétien, Arnaud, Méricourt, 73e ligne, coup de feu au ventre. *Pont-à-Mousson.*
Carlier, Augu-te, Evrune (Vendée), 75e ligne, coup de feu aux deux cuisses. *Pont-à-Mousson.*
Cériday, Ignace, 50e ligne. *Hôpit. de réserve, Berlin.*
Cuénard, Constant, Villers-la-ville, 4e ligne, 6e c. *Darmstadt.*
Comte, Hippolyte, Caussade (Gar.), 1er zouaves, 3e c., blessé au pied gauche. *Darmstadt.*
Coupré, Joseph, La Ferrière (Loire), 4e chass. d'Afrique. *Darmstadt.*
Chassin, Camille-Et., 12e ligne, sous-lieut. *Wiesbaden.*
Capdeville, 96e ligne, *Bischwiller.*
Clarel, Paul, 1er chass. à pied. *Bischwiller.*
Chefdeville, Gilbert, Manceau, 19e artill., 4e b. *Bruchsal.*
Cottet, Auguste, Cinquetral, 6e lanciers, 3e escad. *Ambul. Sulz.*
Chaumont, Arthur, la Guerche, 59e ligne, 1er b., 1re c., sergent-major. *Ambul. Sulz.*
Coloniau, 21e ligne, caporal, *Bischwiller.*
Chambisseur, 17e chass. à pied, lieut. *Bischwiller.*
Coulombeix, s.-intend.-mil. *Bischwiller.*
Chevalier, Sebast., Lamotte, 47e ligne, 7e c., coup de feu à la cuisse droite. *Hpt. de rés. II, Leipzig.*
Corny, Eug., Crouchi, 80e ligne, 6e c. *Hpt. de rés. I., Francfort-s/M.*
Candoël, St-Navre, Petitville, 70e ligne, 3e c. *Hpt. de rés. I, Francfort-s/M.*
Clavery, Jean-Girard, Nuance, 50e ligne, 1re c. *Hpt. de rés. I, Francfort-s/M.*
Coyren, Jean, Estesgaen, 50e ligne, 4e c. *Hpt. de rés. I, Francfort-s/M.*
Clauchard, Antoine, Salles, 52e ligne, 3e c. *Leipzig.*
Cubanne, Claude, Eysine, 72e ligne, 3e c. *Leipzig.*
Clément, Henry-Pierre, Metz, 68e ligne, 3e c. *Leipzig.*
Cellier, Auguste, 73e ligne. *Danzig,* † le 30 sept. de bless. et du typhus.
Chagnoleau, Jean, Liaux, (Char.-Inf.), 72e ligne, 3e b., 5e c. *Neisse,* † le 3 Oct. de dyssent.
Compagnon, Jules, 6e ligne. *Torgau,* † le 25 Sept. de dyssent.
Clément, Claude, 82e ligne, 5e c. *Erfurt,* † le 27 Sept.
Chanut, Jean-Pierre, 60e ligne, 2e b., coup de feu à la cuisse. *Coblence,* † le 18 Sept.
Coche, Jean-Louis-Eug., Bellegarde (Isère), Ouvrier d'admin. *Posen,* † le 3 Oct. de fièvre.
Caire, Gabriel, 83e ligne. *Wittenberg,* † le 3 Oct. du typhus.
Ceulestin, Simon, 7e ligne. *Stettin,* † le 26 Sept. du typhus.
Combs, Louis, Arles, 6e artill. 12e batt. *Hpt. de rés. I, Francfort-s/M.*
Courtan, Sens (Yonne), 3e zouaves, 5e c., coup de feu à la cuisse. *Hpt. de baraque n° VI, Mannheim.*
Gallandré, François, Sezan (Loire), 64e ligne, 2 b., 1er c. *Hpt. de barr. n° VI, Mannheim.*
Chédeville, Antoine, Malceville-Nancy, 2e turcos, 2e b., 4e c., sergent-fourrier. Fracture de la cuisse.
  Hpt. de barr. n° IV, Mannheim.
Coréges, Paul, Maullon-Hocate, 50e ligne, 3e b., blessure au bras. *Hpt. de barr. n° VI, Mannheim.*
Cassi-ben-Soliman, Algérie, 1er turcos. *Hpt. milit., Carlsruhe.*
Charbonnier, Pierre, La Chapelle, 57e ligne, blessé à la bataille de Metz, *Hpt. de rés., Schwetzingen.*
Clàvier, Pierre, Binie, 3e grenad., *Hpt. de rés., Schwetzingen.*
Champaud, Léon, Limange, 98e ligne, *Hpt. de rés., Schwetzingen.*
Chatron, R., 98e ligne, blessé à la bataille de Metz. *Hpt. de rés., Schwetzingen.*
Chevallier, Louis, Lulley, 25e ligne, *Hpt. de rés., Schwetzingen.*
Corrent, Jean-Charles, 11e ligne, 5e c. *Halle-s/S.*
Chaudellier, F., 31e ligne, 3e c., sergent. *Halle-s/S.*
Cumbeck, César, 68e ligne, 4e c. *Halle-s/S.*
Chenel, Pierre, Moulins, 75e ligne, 2e c., gravement blessé. *Ste-Marie aux-Chênes.*
Chartier, Jacques, 41e ligne, 3e b., 7e c., coup de feu à la cuisse. *Ambul. VII, Cotigny.*
Calamier, Louis, 62e ligne, 2e b., 4e c. *Hpt. de rés., Brieg.*
Chamalet, François, 9e artill. monté. *Hpt. de rés., Brieg.*
Castellas, François, 2e ou 9e artill. monté. *Hpt. de rés., Brieg.*

Çayette, François, 4e hussards. *Hpt. de rés.*, *Brieg*.

Codis, Jean-Bapt., 20e artill. monté, 2e batt., artificier. *Hpt. de rés.*, *Brieg*.

Collin, Joseph, 2e inf. de marine, 3e b., 2e c. *Hpt. de rés.*, *Brieg*.

Calta, Jean-Bapt., 37e ligne, 2e b., 3e c. *Hpt. de rés.*, *Brieg*..

Caselli, Léon-Ferd., 2e ligne, 2e b., 3e c.. caporal. *Hpt. de rés.*, *Brieg*.

Cabanier, Hypolite, 14e artill. monté. *Hpt. de rés.*, *Brieg*., sorti.

Cérus, Victor, 14e ligne, 3e b., 5e c. *Hpt. de rés. Brieg*.

Christin, Prudent, 19e artill. monté. *Hpt. de rés.*, *Brieg*.

Comieux, Xavier, 1er génie, sap. *Hpt. de rés.*, *Brieg*.

Cessiei, Alfonse, 2e inf. de marine. *Hpt. de rés.*, *Brieg*.

Crapez, François, 2e inf. de marine. *Hpt. de rés.*, *Brieg*.

Chauveau, Léon, 64e ligne, 4e b., 2e c. *Hpt. de rés. Brieg*.

Cordellier, Lazare, Mingot-Chatillon, 50e ligne. 2e b., coup de feu dans les cuisses, *Wissembourg*.

Chaude ou Richer, Ed., Paris, 74e ligne, 1er b., lieut., coup de feu dans les cuisses. *Wissembourg*.

Chauvé, Philibert, Baray-Lemonial, 74e ligne, coup de feu dans les cuisses. *Hpt. milit.*, *Wissembourg*.

Chaubard, Théophile, Ste-Colombe Sauveur (Yonne), 50e ligne, 3e b., coups de feu hanche et poitrine *Hpt. milit. Wissembourg*, † le 27 Août.

Carlet, Jean, Genlis (Côte-d'Or), 20e artill., 3e batt., coup de feu cuisse (amputé) † le 27 Août.

Carrel, Jean, Melisantb, 98e ligne, *Hôpital de réserve, Schwetzingen*.

Charalier, Pierre, Nevers, 9e ligne, *Hôpital de réserve, Schwetzingen*.

Calére, Joseph, Soultz, 24e ligne, 2e c., coup de feu à la cuisse gauche, *Hôpital de réserve I., Leipzig*.

Claux, Baptiste, Villeret, 60e ligne, 5e c., coup de feu au mollet, *Hôpital de réserve I, Leipzig*.

Courquin, François-Joseph, Calais, 84e ligne, 6e c., coup de feu genou droit, *Hôp. de rés .I, Leipzig*.

Carlo, C., Henou, 74e ligne, 6e c., caporal, coup de feu à la cuisse droite, *Hôpital de Mannheim*.

Chaumont, P., Jumeaux, 50e ligne, 4e c., coup de feu au mollet gauche et à l'épaule, *Hôpital de Mannheim*.

Chauvean, Jacques, Longel, 74e ligne, 2e c., éraflure au ventre, coup de feu à la main gauche et au mollet droit, *Hôpital de Mannheim*.

Croix, Gust., Lory, 74e ligne, 6e c., coup de feu à la cuisse droite, *Hôpital de Mannheim*.

Claude, Aug., Monrau-le-neuf, 74e ligne, 4e c., coup de feu à l'épaule, *Hôpital de Mannheim*.

Cosse, Hippolite, Privas, 99e ligne, 3e c., coup de feu à la hanche droite, *Hôpital de Mannheim*.

Coulaine, Blanc, Sous-Bourbout, 47e ligne, 3e c., coup de feu à la tête, *Hôpital de Mannheim*.

Condray, Laurent, Miremont, 3e zouaves. *Hôpital de réserve, Francfort-sur-le-Mein*.

Charre, Jacques, St-Sanrouel, 78e ligne. *Hôpital de réserve, Francfort-sur-le-Mein*.

Chaquet, Eug.-Aug., 3e chass. à pied, caporal. *Hôpital de réserve Ste-Anne à Lubeck*.

Corsin, Fr., Roubain, 6e ligne, *Hôpital de réserve, Schwetzingen*.

Clodel, Joseph, Epinal, 2e turcos, tambour, *Hôpital de Mannheim*.

Cabasse, E. Commeroy, 74e ligne, coup de feu au visage, *Hôpital de Mannheim*.

Chassent, M., St-Laurent, 60e ligne, *Hôpital de réserve, Schwetzingen*.

Constrejean, G., Paris, 98e ligne, *Hôpital de réserve, Schwetzingen*.

Circoulon, C. Andicourt, 29e ligne, *Hôpital de réserve, Schwetzingen*.

Coulmeau, Jul., Meung, 25e ligne, *Hôpital de réserve, Schwetzingen*.

Clavier, Pierre, Pigny, garde, *Hôpital de réserve, Schwetzingen*.

Champaud, Léon, Limoges, 98e ligne, caporal, *Hôpital de réserve, Schwetzingen*.

Chambonnier, Alph., La Chapelle, 57e ligne, *Hôpital de réserve, Schwetzingen*.

Cornard, André, St-Germain en Laye, 9e b., chass. à pied, 2e c., coup de feu à la main, *Spire*.

Cherlen, Xaxier, Felleringen (Haut-Rhin), 91e ligne, 3e b., 5e c., coup de feu à la jambe gauche, *Spire*.

Cassagne, Bertrand, Pallac (Haute-Garonne), 28e ligne, 3e b., 1e c., coup de feu au pied droit, *Spire*.

Corréard, Pierre, Becaune (Drôme), 93e ligne, 3e b.. 1e c., coup de feu au bras gauche, *Spire*.

Cailesser, Louis, 99e ligne, sergent, coup de feu à la cuisse droite, *Baraque II, Berlin*.

Combes, François, 2e zouaves, 2e b., 3e c., *Baraque III, Berlin*.

Chevessont, Jos., 78e ligne, coup de feu au bras droit, *Baraque II, Berlin*.

Chapoulé, Jean, 2e ligne, coup de feu jambe droite, *Baraque II, Berlin*.

Chiqua, Jean, 50e ligne, coup de feu à la main et jambe droites, *Baraque II, Berlin*.

Cot, Jean-Frédéric, 24e ligne, coup de feu au bras droit, *Baraque II, Berlin*.

Cecard, Jos., 2e ligne, caporal, coup de feu au pied droit, *Baraque II, Berlin*.

Carnel, Louis, 80e ligne, coup de feu à la jambe droite, *Baraque II, Berlin*.

Collau, 90e ligne, blessure grave, *Hopital de Pange.*

Christine, Alexandre, Belvédère, 3e ligne, 4e B., 3e c., coup de feu au nez et à l'oreille gauche, *Couvent des Dominicains, Düsseldorf.*

Chatain, Louis, St-Juste de Clair, 47e ligne, 1er b., 6e c , coup de feu au bas du ventre et à la cuisse, *Couvent des Dominicains Düsseldorf.*

Carnelout, Jean-M , 36e ligne, coup de feu au bras gauche, *Baraque II., Berlin.*

Coutier, Adolphe, Mans, 98e ligne, *Hopital militaire de Spandau.*

Cardot, Lucien, Roville, 98e ligne, lieutenant, *Hopital militaire de Carlsruhe.*

Coulon, Ernest, Tismes, 48e ligne, *Hopital militaire de Carlsruhe.*

Cotel, Adolphe, Paris, 36e ligne, † le 19 Août, *Hopital militaire de Carlsruhe.*

Cary, Augustin, Bourg en Bresse, 36e ligne, sergent, *Hopital militaire de Carlsruhe.*

Cochoz, François, Magnère, 47e ligne, *Hopital civil de Carlsruhe.*

Chouet, Joseph, La Dordone, 7e ligne, 3e b., caporal, coup de feu à l'oreille gauche, *Hopital de réserve n° 3. Leipzig.*

Caugourins, Pierre, Pionève, 64e ligne, 3e b., coup de feu à la main droite, *Hopital de réserve n° 3 à Leipzig.*

Le Claire, Louis-François, Paris, 67e ligne, 3e b., coup de feu à la jambe droite, *Hopital de réserv n° 3, Leipzig.*

Coriolon, Lazare, 93e ligne, 3e b., coup de feu à la joue gauche, *Hopital de réserve n° 3 à Leipzig.*

Crozon, Pierre, La mère au bourg Gauvzeck, 10e ligne, 3e b., coup de feu au genou, éraflure au dose *Hopital de réserve n° 3 à Leipzig.*

Comton, Joseph, St-Christoph, 3e zouaves, coup de feu à l'avant-bras droit, *Reiss II., Heidelberg.*

Courdios, Antoine, 77e ligne, coup de feu à la cuisse, *Hopital de Charlottenbourg.*

Cartard, Pierre, Beaune, 93e ligne, coup de feu au bras gauche, *où ?*

Le Caullie, Lezand, 5e ligne, dyssenterie, *où ?*

Chevalier, Gabriel, 78e ligne, *Hopital de réserve II., à Braunschweig.*

Conge, Jos., Alberville, 2e ligne, *Caserne du génie à Darmstadt.*

Chabin, Jean, 96e ligne, 1er b., 2e c., *Hopital de réserve à Berlin.*

Chomette, Jean, St-Plankagen, 88e ligne, 3e c., *Loge maçonnique à Altenbourg.*

Campourne, Pierre, 96e ligne, *Hopital militaire à Giessen.*

Crousé, 48e ligne, *Hopital de réserve II à Braunschweig.*

Clairon-Durmelin, Virivette (Isère), 32e ligne, *Hopital de la gare à Carlsruhe.*

Chandot, Jean, Aliban de Villars, 85e ligne, *Hopital de la gare à Carlsruhe.*

Charley, Auguste, Bernet (Eure), 73e ligne, *Hopital de la gare à Carlsruhe.*

Couleaud, 50e ligne, 4e c., *Hopital de la gare à Carlsruhe.*

Cautal, Jean, Vaine, 50e ligne, 2e c., *Hopital de la gare à Carlsruhe.*

Carnelout, Jean-Marie, 36e ligne, *Hopital de baraque II, à Berlin.*

Chevesson, Joseph, 78e ligne, *Hopital de baraque II, à Berlin.*

Chapoulé, Jean, 2e ligne, *Hopital de baraque II, à Berlin.*

Chiqua, Jean, 50e ligne, *Hopital de baraque II, à Berlin.*

Chaillaux, Auguste, 51e ligne, 6e c., caporal, cuisse gauche. *Hopital de réserve I, à Cassel.*

Cambas, Marie, 2e zouaves, 3e c., coup de feu à l'épaule droite, *Hopital de réserve I, à Cassel.*

Courtier, Antoine, 84e ligne, 5 c., coup de feu à l'épaule droite, *Hopital de réserve I, à Cassel.*

Croix de la Cierre, Marie, 51e ligne, 1e c., coup de feu à la main droite, *Hopital de réserve I, à Cassel.*

Claude, Auguste, 74e ligne, 4e c., coup de feu à droite de l'épaule, *Hopital de réserve I, à Cassel.*

Clair, Étienne, 6e ligne, 2e c., coup de feu au genou, *Hopital de réserve I, à Cassel.*

Gerard, Joseph, 2e ligne, caporal, *Hopital de baraque II, à Berlin.*

Carnel, Louis, 80e ligne, *Hopital de baraque II, à Berlin.*

Caillefer, Louis, 99e ligne, sergent, *Hopital de baraque II, à Berlin.*

Celestre, Pierre, 74e ligne, *Hopital de baraque II à Berlin.*

Chevesseur, Joseph, 65e ligne, *Hopital de baraque II, à Berlin.*

Chouet, Joseph, La Thaison, 7e ligne, 3e b., 1 c., caporal, coup de feu à l'oreille gauche, *Hopital de réserve III, à Leipzig.*

Cougourin, Pierre, Pionève, 64e ligne, 3e b., 1e c., coup de feu à la main droite, *Hopital de réserve III, à Leipzig*

Coriolon, Lazare, Brin, 90e ligne, 3e b., 1e c., coup de feu à la joue gauche, *Hôpital de réserve III, à Cassel.*

Crozon, Pierre, Chateaulin, 10e ligne, 3e b., 3e c., coup de feu au genou gauche, *Hôpital de baraque II, à Leipzig.*

Canuel, Auguste, Meslay, 4e turcos, lieutenant, coup de feu au doigt et mollet gauche, *Hôpital de baraque II à Mannheim.*

Claude, A.-D., Monceau, ligne, 1er b., 4e c., coup de feu au mollet droit, *Hôpital de baraque II, à Mannheim.*

Clodel, Joseph, Epinal, 2e turcos, tambour, contusion à l'épaule et aux deux bras, *Hôpital de baraque II à Mannheim.*

Chauveau, Jacques, Longel, 74e ligne, 3e b., 2e c., coup de feu à la main gauche, *Hôpital de baraque VII à Mannheim.*

Charage, Joseph, Mortaberr, 4e ligne, gravement blessé, *Hôpital Ste-Marie aux Chénes.*

Clerque, Hyacinthe, Layrasse, 15e ligne, 4e c., *Hôpital de réserve I à Francfort-sur-le-Mein.*

Cherom, Victor, Barthenay, 93e ligne, 6e c., sergent, *Hôpital de réserve I à Francfort-sur-le-Mein.*

Clasquin, Gustave, Vice, 32e ligne, 5e c., sergent, *Hôpital de réserve I à Francfort-sur-le-Mein.*

Carrié, 96e ligne, *Bischwiller.*

Durr, Joseph 2e ligne 5e c., coup de feu dans l'avant-bras droit *Hop. de rés., Weilbach.*

Daunne, Dominique, Tournus, 10 turcos, 1re c., coup de feu à la main droite *Hop. de rés , Weilbach*

Dovaranché, Séraphin. 63e ligne, 4e c. *Hop. milit., Berlin.*

David Jean 67e ligne, 5e c. *Hop. milit., Berlin.*

Discazaux, Pierre, 70e ligne, 1re c. *Hop. milit., Berlin.*

Dechant, 74e ligne, 1re c. *Hop. milit., Berlin.*

Duin (Le), 8e ligne, 4e c. *Hop. milit., Berlin.*

Doxon, Ernest, 24e ligne, 5e c. *Hop. milit., Berlin.*

Duval, 24e ligne, 4e c. *Hop. milit., Berlin.*

Durrenbach, 40e ligne, 6e c. *Hop. milit., Berlin.*

Drifort Jean, Lyon, 13e chass. à pied, éraflure au côté gauche. *Hop., Dusseldorf.*

Dupont, Aron, Bar-sur-Salle, 67e ligne. *Hop., Charlottenbourg.*

Douon, Ernest, 24e ligne. *Hop., Berlin.*

Ducros 9e artil., 9e batt. *Berlin.*

Dague, Jean, Boulon, 3e train. *Hop., Charlottenbourg.*

Drouin, Jacques-Auguste, St-Omer, 1er bataillon chass., 2e c. sergent. *Pl. forte Marienberg.*

Debreuil, Michel, Langres, 50e ligne, 3e b., 6e c. *Pl. forte Marienberg.*

Dusselier, Emile, Chambéry, 47e ligne, 1er b. 6e c. *Pl. forte Marienberg.*

Devisine, Constant, Chambéry, 47e ligne, 3e b., 4e c. *Pl. forte, Marienberg.*

Dufour, Pierre, Lyon 68e ligne, 2e b., 1re c. *Pl. forte Marienberg.*

Delat, Jean-Baptiste Alger, 1er zouaves 2e b., 1re c. *Pl. forte, Marienberg.*

Doyen Levi Alger, 1er zouaves. 2e b., 4e c. *Pl. forte, Marienberg.*

De Rigal Fancave Constantine, 3e zouaves 2e b., 2e c. *Pl. forte, Marienberg.*

Domine Charles Constantine. 3e zouaves. 2e b., 5e c. *Pl. forte Marienberg.*

Davy, Pierre Paris 1er turcos, 2e b., 2e c. *Pl. forte Marienberg.*

Delaval Jean Grenoble, 6e d'artillerie 2e batt. *Pl. forte Marienberg.*

Dulac Pierre-Marie, St-Nizaire (Rhône) 99e ligne blessure à la main gauche. *Pl. forte Marienberg.*

Duclos, Armand Soub (Manche). 2e zouaves bl. à l'épaule droite. *Pl forte Marienberg.*

Debord, Louis Riom, 6e artill. 12e batt., bl. à la poitrine. *Pl. forte, Marienberg.*

Djebali ben ? ortasch Alger, 1er ligne, 3e b. 6e c. *Hofgeismar.*

Dacar ben Arbz, Alger, 1er turcos 2e b., 2e c. *Hofgeismar.*

Djellali ben Abderhamman, Alger, 1er turcos 3e b., 6e c. *Hofgeismar.*

Dardenne, 74e ligne. *Cassel.*

Dévéve. 96e ligne. *Cassel.*

Duc (Le) Jules, Ilinienfer, 74e ligne, 3e b. 2e c. *Hofgeismar.*

Dupuz, Pierre, Lands, 50e ligne, 1er b., 2e c. *Hofgeismar.*

Donnat, Jean, 74e ligne, 2e c. *Hôpit. de rés., Francf.-s/M.*
Duvánt, 50e ligne. *Cassel.*
Dutol, Pierre, 50e ligne. *Cassel.*
Duwense, Victor, 9e artill. *Cassel.*
Duclos, Alphonse, 48e ligne, lieutenant. *Cassel.*
Donailly, Camille, Wordain, 2e lanciers. *St-Hedwig, Berlin.*
Dafaiet, Jean-Marie, 78e ligne. *St-Hedwig, Berlin.*
Driffart, Jean, Lyon, 13e chass. à pied. *St-Hedwig, Berlin.*
Dupuis, Henri, St-Quentin (Aisne), 47e ligne, 1er b., éraflure. *Edenkoben.*
Duhaion Charles, 78e ligne, sous-lieut. *Niederbronn.*
Diguet, 3e zouaves, lieut. *Jaegerthal.*
Drogat, 45e ligne, sous-lieut. *Niederbronn.*
Detrie, Paul-Alex., 2e zouaves, colonel. *Niederbronn.*
Despie, Léon, 18e ligne, lieutenant. *Niederbronn.*
Désirié, Edmond, 2e zouaves, lieutenant. *Niederbronn.*
Devos, 2e zouaves, lieutenant. *Niederbronn.*
Dervin, 21e ligne, lieutenant. *Niederbronn.*
Delcasse, 11e chass. à chev., capitaine. *Reichshoffen.*
Dince, F., Lambaz, 67e ligne, 3e b., sergent, coup de feu à la cuisse gauche. *Neuestad ou à Mayence.*
Desrout, Léonard, Connesac, 66e ligne, coup de feu aux cuisses. *Mais. de l'Orangerie, Darmstadt.*
Duthoit, Henry, Rochin, 63e ligne coup de feu au visage. *Maison de l'Orangerie, Darmstadt.*
Dejour, Franç. Malazas, 10e ligne. *Hôp. de rés., Schwetzingen.*
Dugers, St-Martin, 15e ligne. *Hôp. de rés., Schwetzingen.*
Dormas, Benoît, Dareune, 28e ligne. *Hôp. de rés., Schwetzingen.*
Desie, Jean, Matha, 66e ligne. *Hôp. rés., Schwetzingen.*
Dorne, J., St-Theaubonne, 93e ligne, coup de feu fesse gauche. *Hôp. de rés., Schwetzingen.*
Demolis, J., Brenith, 10e ligne, caporal, coup de feu au bras gauche. *Hôp. de rés., Schwetzingen.*
Dulong, B., Casteds 50e ligne, coup de feu à la jambe droite. *Hôp. de rés. Schwetzingen.*
Dubar, A. Lille, 43e ligne, coup de feu à la fesse droite. *Hôp. de rés., Schwetzingen.*
Druchet Louis, Bomujie 25e ligne. *Hôp. de rés., Schwetzingen.*
Desmot, Jean, St-Michel, 45e ligne, coup de feu à la jambe droite. *Hôp. de rés., Schwetzingen.*
Dassier, Henry, Petitqueville 15e ligne, coup de feu à la fesse. *Hôp. de rés., Schwetzingen*
Deslandes Auguste Planguet (Côtes-du-Nord), 74e ligne, 5e b., 5e c. *Hôp. St-George, Augsbourg.*
Drevet Jean Usug (Loire), 18e ligne, 2e b., 1re c. *Hôp. St-George, Augsbourg.*
Duret, Antoine Lyon 3e ligne. 3e b., 5e c. *Hôp. St-George, Augsbourg.*
Derquis, Jean-Marie, Eriac (Côtes-du-Nord) 74e ligne, 1er b., 5e c *Hôp. St-George, Augsbourg.*
Denean Alfred, Chartres (Eure-et-Loire), 1er zouaves, 3e b., 2e c. *Hôp. St-George, Augsbourg.*
Doudet, Achille, Rouen 7e lanciers, 5e esc. *Hôp. St-George, Augsbourg.*
Dulucq, Lamotte Garlede-Montbas (Basses-Pyrénées), 2e zouaves, 5e c. *Hôp. St-George, Augsbourg.*
Desmons, Louis, Nouvorton (Ille-et-Villaine), 21e ligne. *St-Sébastien, Augsbourg.*
Duval Jean Leoundre (Maine-et-Loire), 2e zouaves. *St-Sébastien, Augsbourg.*
Decouteire Charles, Vilotte (Creuse), 21e ligne. *St-Sébastien, Augsbourg.*
Dutilte, Paul Monségur (Gironde), 2e zouaves, serg.-major. *St-Sébastien, Augsbourg.*
Dechausey, Ernest, Paris, 43e ligne, coup de feu au pied droit. *Hôp. de rés., Schwetzingen.*
Dornat, Camille, S.-Jean, 33e ligne, 1re c., coup de feu à la tête. *Hpt. de barr. n° 6, Mannheim.*
Dubois, Alphonse, Duissant, 2e zouaves, 6e c., coup de feu à la cuisse. *Hpt. de barr. n° 6, Mannheim.*
Desarmenien, Louis, St-Maurisser, 9e artill., 9e batt., coup de feu au pied droit. *Hpt. de barr. n° 6, Mannheim.*
Deveaux, Evariste, St-Paul, 74e ligne, 1er b., 1re c., coups de feu aux cuisses. *Hpt. de barr. n° 6, Mannheim* Amputé.
Durantel, Jean, Maulan, 50e ligne, 1er b., 1re c., fracture en haut de la cuisse gauche. *Hpt. de barr. n° 6, Mannheim.*
Duber, Auguste, Lille, 43e ligne, blessé à Metz. *Hpt. de rés., Schwetzingen.*
Druhet, Louis, Romugno, 25e ligne, blessé à Metz. *Hpt. de rés., Schwetzingen.*
Diemenant, Décèmenant, 4e cuirass., blessé à Metz. *Hpt. de rés., Schwetzingen.*
Desmont, Jean, St-Michel, 43e ligne, blessé à Metz. *Hpt. de rés., Schwetzingen.*

Dechany, François, Paris, 43e ligne, blessé à Metz. *Hpt. de rés., Schwetzingen.*

Darron, Jos., Causemgrie, 32e ligne, blessé à Metz. *Hpt. de rés., Schwetzingen,* † le 10 Sept.

Delponte, J.-B., Fremaré, 3e cuirass. de la garde, blessé à Metz. *Hpt. de rés., Schwetzingen.*

Dubraid, Jean, Erasach, 98e ligne, blessé à Metz. *Hpt. de rés., Schwetzingen.*

Dedit, Dieudonné, Zavanté, 50e ligne, 2e b., 3e c., coup de feu, bras gauche. *Hpt. n° VII, Mannheim.*

Ducosse, Veaudecourt, 9e ligne, 4e c., coup de feu à la main. *Hpt. n° V, Mannheim.*

Dumont, A., Colombis, 11e ligne, 3e c., coup de feu à la main. *Hpt. n° V, Mannheim.*

Durant, M., Meurait, 61e ligne, 6e c., sergent, coup de feu à la main gauche. *Hpt. n° V, Mannheim.*

Destienne, 84e ligne, coup de feu en bas de la cuisse. *Hpt. n° VII, Coligny.*

Deparade, 2e grenad., 3e c., clairon. *Hpt. Halle-s/S.*

Duraute, Jean, 1er ligne, 6e c. *Hpt. Halle-s/S.*

Duranthon, Alexandre, 3e inf.-marine, 1er b., 3e c. *Hpt. de rés., Brieg.*

Dontéville, Jean, 9e artill. monté, 5e batt. *Hpt. de rés., Brieg.*

Domer, Leonet., Daverne, 28e ligne, blessé à Metz. *Hpt. de rés. Schwetzingen.*

Demolis, J.-Fr. Bresilly, 10 ligne, blessé à Metz. *Hpt. de rés. Schwetzingen.*

Destrée, Alexandre, 1er zouaves, 3e b., 1re c., blessé à Metz. *Hpt. de rés., Brieg.*

David, Jean, 79e ligne, 1er b., 1re c. *Hpt. de rés., Brieg.*

Denoue, Edmond, 61e ligne, 1er b., 6e c., sergent-major. *Hpt. de rés., Brieg.*

Desmontes, Anatole, 2e ligne, 1er b., 2e c., sergent-major. *Hpt. de rés., Brieg.*

Danielle, Louis, 9e artill. monté (ou à pied), 6e batt. *Hpt. de rés., Brieg.*

Duchun, Philippe, 9e artill. monté. *Hpt. de rés., Brieg.*

Dufrène, Quincy, 19e artill. monté. *Hpt. de rés., Brieg.*

Duval, Jacob, 1er zouaves, 3e b., 2e c. *Hpt. de rés., Brieg.*

Dornier, Henry, 1er zouaves, 3e b., 2e c. *Hpt. de rés., Brieg.*

De Sartre, Gaston, 3e inf. de marine, 1er b., 2e c., caporal. *Hpt. de rés., Brieg.*

Durant, Pierre, 12e artill. monté. *Hpt. de rés., Brieg.*

Duval, Louis-Henry, 3e inf. de marine, 2e b., 3e c. *Hpt. de rés., Brieg.*

Dumalanéde, Jean, 3e inf. de marine, 1er b., 6e c. *Hpt. de rés., Brieg.*

Délos, Raymond, 2e zouaves, 3e b., 5e c. *Hpt. de rés., Brieg.*

Delori, César, 21e ligne, 1er b., 1re c. *Hpt. de rés., Brieg.*

Deblond, Auguste, 9e artill. monté. *Hpt. de rés., Brieg.*

Dumas, Bapt., Lafage, 74e ligne, 3e b., sergent *Hpt. de rés., Francf.-s/M.*

Delécole, François, Champigniéle Bessey-les-eaux, 50e ligne, 3e b., coup de feu haut de la cuisse. *Wissembourg.*

Donteville, Jean-Bapt., 9e artill. monté. *Brieg.*

Duraudet, Guill, Lespare, 58e ligne. *Spandau.*

Durre, François, 17e chass. à pied, 7e c., dyssent. *Spandau.*

Duval, François, 21e ligne, 1er b. *Spandau.*

Diebold, Strasbourg, 58e ligne, 4e c. *Spandau.*

Dhebaut, François, Ammolac (Morbihan), 26e ligne. coup de feu à la cuisse. *Pont-à-Mousson.*

Deplaix, Etienne, Epain, 3e inf de marine, 5e c. *Giessen.*

Debos, François, Mandenais, 81e ligne, 6e c., fièvre. *Hpt. de rés. II, Leipzig.*

Dufratien, Souprosse, 75e ligne, 2e b., 6e c. *Heidelberg.*

Doumergue, Jean-Pierre, Chaudebronde, 10e ligne, capitaine. *Maison de santé St-Hedwig, Berlin.*

Didetot, 3e zouaves, caporal. *Bischwiller.*

Dean, Jean, 99e ligne. *Bischwiller.*

Denis, Pierre, 54 ligne. *Bischwiller.*

Dejean, Louis, 56e ligne. *Bischwiller.*

Daveisse, Simon, Verdun, 1er zouaves, 12e c. *Bruchsal.*

Dutrieroz, 56e ligne, sergent. *Bischwiller.*

Daguions, François, Reminiac, 72e ligne, 2e c., caporal. *Hpt. de rés. I, Francfort-s/M.*

Déclat, Cyprien, Mamuy, 72e ligne, 4e c. *Hpt. de rés. II, Leipzig.*

Debrousse, Pierre, Albens, 88e ligne, 4e ç. *Hpt. de rés. II, Leipzig.*

Doucher, Gustave Pucy, 68e ligne, 1re c. *Hpt. de rés. II, Leipzig.*

Dupuy, Jean, 19e ligne. *Mayence,* † le 2 Oct. de dyssent.

Desaugers, Victor, Chéron (Seine-et-Oise), 49e ligne, 3e b., 6e c. *Neisse.* † le 3 Oct. de dyssent.

Damiens, Aug.-Aimable, 4e ligne, 1er b. *Carthausen.* † le 29 Sept. du typhus.

Delahaye, Adolphe, 9e sect. d'ouvr. d'admin. *Mayence*, † le 1er Oct. de dyssent.

Deprestre, Aug., 1er inf de marine, 3e b., 1re c. *Glogau.* † le 2 Oct. du typhus.

Devant, Pierre, 26e ligne, sergent. *Danzig*, † le 11 Sept. bless.

Dubourdien, Joseph-Louis, 17e chass. à pied. *Thorn*, grav. blessé. † le 25 Sept.

Dorais, Joseph, 70e ligne, 1er b., 4e c. *Wittenberg.* † le 24 Sept. bless.

Duvaux, Ernest-Victor, 19e chass. à pied, 6e c. *Mayence*, † le 25 Sept. infl. du poum.

Demarches, Casimir, cant. de Veusel (Aveyron), 14e artill., 9e b. *Wesel*, † le 27 Sept. Pet.-Vérole.

Le Doaré, Joseph, 91e ligne, 7e b., 3e c. *Carthausen*, † le 25 Sept. du typhus.

Desaleu, François, 3e génie, 2e b., 11e c. *Spandau*, † le 30 Sept. du typhus.

Dumolié, Pierre, 17e chass. à pied, 5e c. *Spandau*, † le 6 Oct. de dyssent.

Dupit, Jean, Gers, 29e ligne. *Posen*, † mort le 5 Oct. du typhus.

Deshores, Henri, 90e ligne, 3e b., 4e c. *Spandau*, † le 9 Oct. de dyssent.

Deniaud, Aug., 12e artill. *Stettin*, † le 8 Oct. de fièvre.

Dupuis, Henry St-Quentin, 47e ligne, 6e c., coup de feu dans les testicules. *Hop. Mannheim.*

Duclos 36e ligne lieutenant. *Hop. de rés.. Cassel.*

Dominique, Louis, Alger, 3e ligne, sous-lieutenant *Infirmerie Hedwig. Berlin.*

Ducroquet, Victor. Grenoble. 3e zouaves, capitaine. *Infirmerie Hedwig, Berlin.*

Dubrand, 77e ligne. *Maison de travail, à Altona, près Hambourg.*

Ducamp, André, 67e ligne. *Maison de travail, à Altona, près Hambourg.*

Dubonne Jacques. 8e ligne, 4e c.. *Hop. de rés., Lubeck.*

Denais, Pierre, 51e ligne, 1re c. *Hop. de rés., St-Annen, Lubeck.*

Descoins, Etienne, 18e art. monté, 6e batt. *Hop. de rés., St-Annen, Lubeck.*

Desmazière, Jean. 66e ligne. 6e c. *Hop. de rés.,St-Annen, Lubeck.*

Destois, François, 23e ligne. 5e c. *Hop. de rés., St-Annen, Lubeck.*

Desriwart, Auguste. 23e ligne, 5e b., caporal. *Hop. de rés., St-Annen, Lubeck.*

Darbour, Edmond, Stenay 94e ligne, sergent. *Hop. de rés., Schwetzingen.*

Dubray, Jean, Rassac 98e ligne. *Hop. de rés., Schwetzingen.*

Donnier, Fr., Cherbourg, 2e turcos, capitaine, coup de feu à la mâchoire. *Hop., Mannheim*

Donnet, S., Annon, 93e ligne. *Hop. de rés.. Schwetzingen.*

Dion Vitry-aux-Loges (Camp), 64e ligne. *Hop. de rés., Schwetzingen.*

Delecrin, Fr., St-Columbin garde. *Hop. de rés., Schwetzingen.*

Delorme. D., Canisy, 12e ligne. *Hop. de rés.. Schwetzingen.*

Delport Jean. Douai, cuirassier de la garde. *Hop. de rés., Schwetzingen.*

Dionisius Nicolas, Metz, turcos, blessé à la tête. *Bamberg.*

Desequelle Diogène, Beleuse (Somme) 10e ligne, éraflure au haut de la cuisse gauche. *Bamberg.*

Doncel Alexandre. Fretrant-Pirc (Saône-et-Loire). 12e ligne, 2e b., 1re c.. coup de feu aux pieds. *Spire.*

Durre, Louis, Grignan (Drôme) 75e ligne 3e b., 2e c., coup de feu à la hanche gauche. *Spire.*

Deltcourt, Ferd., Tourquoing (Nord) 10e ligne 3e b.. 4e c., coup de feu au bras droit. *Spire.*

Denoyer, Joseph, St-André-de-la-Marche (Maine-et-Loire) 91e ligne 2e b., 4e c., coup de feu au pied droit. *Spire.*

Delaire, Antoine, St-Etienne-sur-Blesle (Haute-Loire), 91e ligne, 1er b., 5e c.,coup de feu à la poitrine. *Spire.*

Dumas. Jean Atroche (Corrèze), 10e ligne 4e b., 1re c. coup de feu à la jambe gauche. *Spire.*

Desloy, Charles St-Nicolas-de-Port (Meurthe), 10e ligne, 1er b, 5e c., coup de feu à l'épaule. *Spire.*

Dolâtre, Hippolyte Lesautière-de-Oille (Seine-Inférieure) 94e ligne, 2e b., 2e c., coup de feu au pied gauche et côté gauche. *Spire.* Amputé.

Desesguelle, Denis, Belleuse (Somme) 10e ligne, 1er b., 3e c., coup de feu dans la jambe gauche. *Spire.*

Decarpigny. Félix, Cambrai (Nord), 57e ligne 2e b., 8e c.. éraflure aux bras et aux cuisses. *Spire.*

Dupu, Jules 2e ligne, coup de feu à la jambe droite. *Baraque II, Berlin.*

Dostue. Théodore 40e ligne, coup de feu à la jambe gauche. *Baraque II, Berlin.*

Dumasson, Ferdinand 2e zouaves, coup de feu à la cuisse droite. *Baraque II, Berlin.*

Duaie, Alexis 73e ligne coup de feu au pied droit. *Baraque II. Berlin.*

De hmar, Charles, 93e ligne, coup de feu à la cuisse droite. *Baraque II, Berlin.*

Desmont, Charles, 93e ligne, coup de feu à l'épaule droite. *Baraque I, Berlin.*

Djabel ben Mamed, Zougaras, 3e turcos. *Hop. milit., Spandau.*

Domnach, Pierre, Pysenery. 3e ligne. *Hop. militaire, Carlsruhe.* † le 30 Août.

Dividac, Jacques, Chaudoive, 48e ligne. *Hop. civil, Carlsruhe.*

Durand, Gabriel La Folotière. 48e ligne. *Hop. civil., Carlsruhe.*

Depont, Auguste, Papoloué, 84e ligne. 2e b., 3e c. *Hop. de la Tourelle, Cologne.* † le 25 Août.

Dutheil, 10e ligne, blessure grave. *Hop., Pange.*

De Clisot, Louis, Husmartin, 47e ligne, 2e b., 3e c., coup de feu au bas-ventre. *Couvent des Dominicains, Dusseldorf.*

Desovarte, Louis, Lille, 12e ligne 2e b , coup de feu à la poitrine. *Hop. de rés, 3, Leipzig.*

Dévine, Jean-Claude, 73e ligne 1er b , coup de feu à la cuisse droite. *Hop. de rés. 3, Leipzig.*

Le Duc, Roland, 70e ligne, 1er b., coup de feu à la cuisse gauche. *Hop. de rés. 3, Leipzig.*

Djelil ali ben Abderhaman, Afrique, 2e turcos, blessure au genou droit. Amputé le 20 Août. *Hop. de rés., Quedlinbourg.*

Debès, Emile-Auguste, 94e ligne, 3e b., 5e c. *Hpt. de rés. de Quedlinbourg.*

Dèonisieur, Nicolas, Metz, blessure à la tête. *Où ?*

Demef, Léon, Armanville, chasseurs, diarrhée. *Où ?*

Dancelle, Alexis, Fretraut, 12e ligne, coup de feu à la jambe droite. *Où ?*

Desvaux, Théodore, l'Isle, 5e ligne, diarrhée. *Où ?*

De Foy, 56e ligne, lieutenant, blessé. *On ne sait où.*

Deplaix, Etienne, Epain- (Indre et Loire), 3e marine, 3e bat., 5e c., dyssenterie. *Hop. de barr., Giessen.*

Dupont, Constant, 14e ligne, 3e b., 1re c. *Hop. de rés., Berlin.*

Deroult, Etienne, 82e ligne. *Hop. de rés.,Braunschweig.*

Dubois, Jean-Baptiste, 20e ligne. *Hop. de rés., Braunschweig.*

De Lannoue, Isidore, 17e ligne. *Hop. de rés., Braunschweig.*

Dagué, Jean-Marie, Nantes, 50e ligne, 4e c. *Hop. de rés. n° 1, Francf.-s/M.*

Dixmier, Jean, Monte-Marien, 50e ligne, 4e c. *Hop. de rés. n° 1, Francf.-s/M.*

Durannée, Edouard, Martys (Aude), 10e artil., brigadier. *Hop. de la gare, Carlsruhe.*

Dorchis, Florimond, Asque (Nord) 6e ligne. *Hop. de la gare, Carlsruhe.*

Dourlet, Emmanuel, La Rochelle, 72e ligne. *Hop. de la gare, Carlsruhe.*

Duffaud, François, Savoie, 16e chass. à pied, serg.-major, blessure à la cuisse gauche. *Au Cloître, Dusseldorf.*

Desmar, Charles, 93e ligne. *Hop. de bar., Berlin.*

Dévine, Jean-Claude, Restorrins, 73e ligne, 1er b., 1re c., coup de feu à la cuisse gauche. *Hop. de rés. III, Leipzig.*

Delaunay, Edmond, St-Martin, 10e ligne, gravement blessé. *Hop., à Nancy.*

Delèpine, Théophile (Bretagne), 12e ligne, gravement blessé. *Hop., Nancy.*

Deny, Alexis, Chemillé, 12e ligne, 5e c., gravement blessé. *Hop. Ste-Marie, aux Chênes.*

Dolâtre, Hippolyte, Radiville, 94e ligne, gravement blessé. *Hop. Ste-Marie, aux Chênes.*

Déka, Antoine, Mardelion, 10e ligne, gravement blessé. *Hop. Ste-Marie, aux Chênes.*

Dorlet, Louis-Jos., Saint-Saulge, 47e ligne. *Hop. de rés. n° 1, Francf.-s/M.*

Daude, Henri, Paris, 1er chass. à pied, 3e c. *Hop. de bar. n° 1, Francf.-s/M.*

Dietrich, Jacques, Busweiler, 2e zouaves, 6e c., coup de feu à la tête. *Hop. de bar. II, Mannheim.*

Donnier, Ferdinand, Cherbourg, 2e turcos, capitaine. *Hop. de bar. II, Mannheim.*

Delorme, Antoine, Amplepuis, 12e ligne, gravement blessé. *Hop., Nancy.*

De Brumier, Louis-George, Mortellieu, 12e ligne, commandant, gravement blessé. *Hop., Nancy.*

De Belanger, F.-Ph., Orléans, 93 ligne, lieutenant, gravement blessé. *Hop., Nancy.*

Desgache, Jules, Tain (Drôme), 8e chass. à pied, 3e c. *Hop. de rés. n° 1, Francf.-s/M.*

Deloze, Paul-Ferd., Vildieu, 55e ligne, 3e c. *Hop. de rés. n° 1, Francf.-s/M.*

Denault, Alexis, Carate, 73e ligne, 2e c. *Hop. de rés. n° 1, Francf.-s/M.*

Ducardonnnais, Clodomir, Candier, 10e ligne. *Hop. de rés. n° 1, Francf.-s/M.*

Duten, Jean-Baptiste, Doneaux, 2e chass. à pied, 2e c. *Hop. de rés. n° 1, Francf.-s/M.*

Diesmond, Charles, Aerlout, 93e ligne, 2e c. *Hop. de rés. n° 1, Francf.-s/M.*

Durand, Pierre-Sylv., Paris, 65e ligne, 6e c. *Hop. de rés. n° 1, Francf.-s/M.*

Douillant, Joseph, Bonneval, 96e ligne, 6e c. *Hop. de rés. n° 1, Francf.-s/M.*

Daillard, Jean-François, Anglade, 96e ligne, 7e c. *Hop. de rés. n° 1, Francf.-s/M.*

Duerr, Joseph, Cayenheim, 63e ligne, 4e c. *Hop. de rés. n° 1, Francf.-s/M.*

Dubois, Alfonse, Anzin 2e zouaves. 6e c.. coup. de feu à la cuisse gauche. *Hop. de la gare. Mannheim.*
Ducasse. Randecourt 9e ligne. 4e c.. coup de feu à la main. *Seilerbahn*
Desfennes. Gabriel, Felletin 75e ligne. coup de feu à la cuisse gauche. *Hôp. de rés., Schwetzingen.*
Desmoulins, Pierre, Duendt 100e ligne bl. au pied droit. *Hôp de rés. Schwetzingen.*
Disincenet, Louis, Diemenel, garde. coup de feu au pied. *Hôp. de rés.. Schwetzingen.*
Duguarisse, Louis, Charlenduct 81e ligne. *Hôp de rés , Schwetzingen.*
Darrou, Joseph, Tourygau. 32e ligne. *Hop. de rés., Schwetzingen.*
Dylabi ben Mahomed, Alger. 1er turcos. *Hop. de rés. Francf.-s/M.*
Durant. Léon, Montreor, chass. à pied. coup de feu dans la cuisse droite. *Hop. de rés. I, Leipzig.*
Dujambon, Jean-Louis-Adolphe, Saint-Germain-le-Pré, 10e ligne. coup de feu au haut de la cuisse g.,
  Hop. de rés. I Leipzig.
Doléac, Charles, Berg (Nord) 10e ligne. colonel. *St-Hedwig. Berlin.*
Duborais. Victor. Orléans, 50e ligne, lieutenant. *St-Hedwig Berlin.*
Decugis, Alfred, Toulon, 2e rég. du génie, capitaine. *St-Hedwig, Berlin*
Desire, Pierre (Finistère) 50e ligne. 4e c., coup de feu au mollet droit. *Hop. Mannheim.*

Fsille, Henry. 18e ligne, 6e c. *Hpt. militaire, Berlin.*
Era, Lethiois Arséna, 21e ligne, 3e c. *Hpt. militaire, Berlin.*
El-Hady-ben-Abid, Blidah (Alger.) 1er turcos, 4e b., 4e c. *Etape Cassel*, guéri.
Eyroux, Prosper, St-Gilles Plugeau, 62e ligne. *Hpt. Charlottenburg.*
Emanuel, Noël, Lieu de la garnison Strasbourg, 18e ligne, 2e b., 2e c. *Place forte Marienberg*.
Elias, Léon, 50e ligne, 3e b., 6e c. *Hofgeismar.*
Elhady-ben-Abed, Alger, 1er turcos, 4e b., 4e c. *Hofgeismar.*
El-Arbi-ben-Abdermann, Alger, 1er turcos, 2e b., 2e c. *Hofgeismar.*
El-Apilete-ben-Abd-el-Kader, turcos. *Cassel.*
Emile, 1er zouaves, 1er escad. *Cassel.*
Elbœr, Basile, 2e ligne, 2e c. *Cassel.*
Excoffiet, Théophile, Nuits (Côte-d'Or), 78e ligne. *Clinique pour les yeux de M. Rœder, Heidelberg.*
Ehlinger, Bartholo, Mollou, 84e ligne. 2e b., coup de feu au bras droit. *Neustadt.*
Esmiole, Pierre, Payrnis, 2e zouaves, 1re c., coup de feu dans l'épaule droite. *Salle de gymnastique
  Darmstadt.*
El-Haddy-Mohamed, Alger, 50e ligne. *Hpt. de rés., Schwetzingen.*
Embarek, Chaiould, 2e turcos. *Hpt. de rés. Francf.-s/M.*
Elarbi-ben-Abdallah, 1er turcos. *Hpt. de rés., Francf. s/M.*
Ewesq, Louisien, 66e ligne, coup de feu au bras droit. *Baraque II, Berlin.*
Etienne, Jean, Lanciers de la garde, brigad., coup de feu au bras. *Bar. II, Berlin.*
Elan, Pierre-Marie, 24e ligne, coup de feu dans le bras gauche *Bar. II, Berlin.*
Emonet Edmond, Belfort, 93e ligne. command , grav. blessé. *Hpt Nancy.*
Escante, Guillaume, Noyen, 2e zouaves, 1er c. *Hpt. de rés. n° I, Francf -s/M.*
Ellier, Louis-Eugène, Oise, 48e ligne, sergent. *Hpt. Carlsruhe.*
El-Has ben-Amar, Alger, 1er turcos, 6e c., coup de feu à l'épaule g. *Hpt. de la gare, Mannheim.*
Edouard, Georges, 49e ligne, 3e b., 2e c. *Hpt. de rés.. Brieg.*
Edouin, Jules, 3e inf. de marine, 1er b., 6e c., sergent. *Hpt. de rés., Brieg.*
Ergant, Pierre, 64e ligne, 4e b., 2e c. *Hpt. de rés., Brieg.*
Ersa, Salvad.-Lucien, Bastia, 47e ligne. 1er b., 5e c., capit. *Sulz.* † le 8 Sept.
Ephreu, Joseph, Ofren, 6e lancier. *Sulz.*
Ebard, 1er inf de mar., 1re c. *Mayence*, † le 25 Sept. de dyssent.

Faura, Auguste, 78e ligne. 4e c. *Hop. milit., Berlin.*
Fanirier, Jean, 2e zouaves 6e c. *Hop. milit., Berlin.*
Froesch, Joseph, 50e ligne. *Spandau.*
Faugu Auguste. Coulombier, 3e chass. à pied. *Hop., Charlottenbourg.*

Fleuriet, Isidore, Chaudoux, 40e ligne. *Hop., Charlottenbourg.*

Fixier, Combes, garnison à Strasbourg, 96e ligne, 2e b., 5e c. *Pl. forte, Marienberg.*

Ferdinand, Constant, garnison à St-Omer, 1er chass. à pied, 2e c. *Pl. forte, Marienberg.*

Fenouilh, Théodore, Constantine, 3e zouaves, 3e b., 5e c. *Pl. forte, Marienberg.*

Feratbschien Said, Alger, 1er turcos, 3e b., 5e c., caporal. *Hofgeismar.*

Foissard, Auguste, Montabeau, 9e artil., capitaine. *Hofgeismar.*

Falvart ou **Fallavard**, Franç , Vendée, 74e ligne, 3e b., 3e c. *Hofgeismar.*

Feuillat, Félix, 3e ligne, capitaine. *Cassel.*

Forestier, Pierre, Chatellon, 56e ligne. *St-Hedwig, Berlin.*

Ferrand, Jean-Pierre, Châteaunaz, 47e ligne. *St-Hedwig, Berlin.*

François, Marie, 50e ligne, 1er b., 12e c. *Halle.*

La Fume, Pierre, 2e ligne, 3e b., 1re c. *Hildburghausen.*

Finot, Nicolas-Louis, St-Broingt-les-Fosses, cant. de Prouthoy (Haute-Marne), 75e ligne, 1re c., caporal, coup de feu à l'avant-bras gauche. *Casino catholique, Heidelberg.*

Foy (de), 56e ligne, lieutenant, blessé, *on ne sait où.*

Fremintin, Pierre, Loniou, 87e ligne, coup de feu au bas-ventre et bras gauche. *Neustadt.* Evacué à *Mayence.*

François, Jean, Bourgoin, 33e ligne. *Hop. de rés., Schwetzingen.*

François Meynet, Lyon, 93e ligne. *Hop. de rés., Schwetzingen.*

Feurnier, Etienne, Chambois, 12e ligne, coup de feu à la jambe gauche. *Hop. de rés., Schwetzingen.*

Fourteau, Franç., Mirbeaut, 75e ligne, coup de feu à la cuisse. *Hop. de rés., Schwetzingen.*

Farre, Gilbert, Ferté-Haute-Rive (Allier), 78e ligne, 1er b., 7e c. *St-George, Augsbourg.*

Fleuz, Antoine, Mâcon, 2e zouaves. *St-Sébastien, Augsbourg.*

Flourcet, Lourgas (Côtes-du-Nord), 50e ligne. *St-Sébastien, Augsbourg.*

Fouchon, Pierre, Montgothier, 65 ligne, coup de feu à la cuisse droite. *Hop. de rés., Schwetzingen.*

Fabri, Marc, Villefranche, 67e ligne. *Hop. de rés., Schwetzingen.*

Freidel, Pierre, St-Flonent, 10e ligne, sous-lieut. *St-Hedwig, Berlin.*

François, Sauveur, Rennes, 78e ligne, 2e c., sergent, coup de feu au mollet gauche. *Hop., Mannheim*

Feuillot, 3e ligne, capitaine. *Hop. de rés., Cassel.*

Fleury, H., Winnondier, 2e zouaves. *Hop. de rés., Francf.-s/M.*

Fage, Joseph, 1er cuirass. de la garde, 3e esc. *Hop. de rés., St-Annen, Lubeck.*

Fouchère ou **Fougères**, Henry, Charmoir, 70e ligne. *Hop. de rés., Schwetzingen.*

Fouqueteau, Alex., Poitiers. 12e ligne. *Hop. de rés., Schwetzingen.*

Feuga, Jean, Marpasse, 25e chasseurs. *Hop. de rés., Schwetzingen.*

Francard, Fr., Dallet, 98e ligne. *Hop. de rés., Schwetzingen.*

Fouillet, H., Reims, 33e ligne. *Hop. de rés., Schwetzingen.*

Foullerard, Marius, St-Antoine, 47e ligne, coup de feu à l'épaule gauche. *Infirmerie, Mannheim.*

Fillow, Robert, Montinville, 2e zouaves, 2e b., cap., *Hopital de réserve à Francfort-sur-le-Mein.*

Francoup, Joseph, Boumtale (Côte-d'Or), 93e ligne, 3e b., *Hopital de réserve à Francfort-sur-le-Mein.*

Filot, Paul, 9e d'artillerie monté, *Hopital de réserve de Brieg.*

Ferrier, Charles, Fauche, 58e ligne, *Spandau.*

Fouillaux Jacques, Pierreclos, 11e d'artillerie, 4e bat., *Spandau.*

Feuillebois, Claude, Auxonne, 8e lanciers, 2e esc., *Spandau.*

Foucaulx, François, Amar, 1er ligne, *Spandau.*

Frauson, Alex., Caen, 6e lignes, *Spandau.*

Frid, Nicolas, 3e génie, 11e c., *Spandau.*

Fonfrède, François, 38e ligne, *Spandau.*

Front, Jean-Baptiste, 38e ligne, *Spandau.*

Falot, Pierre, Grignolles (Gir.), 34e ligne, *Hop. de réserve de Gotha.*

Frambouye, 3e zouaves, *Bischwiller.*

Frasson,, Charles, 2e zouaves, *Bischwiller.*

Fournieux, Gustave, 96e ligne, *Bischwiller.*

Fraytier, Jules, 96e ligne, *Bischwiller.*

Féronnière, Léonhard, Rusiettes, 2e zouaves, *ambulance de Sulz,* † le 11 Septembre.

de Finance, 9e cuirassiers, capitaine, *Bischwiller.*

Favré, 1er chass. à pied, *Bischwiller.*

Frank, 3e turcos, caporal, *Bischwiller*.

Fabre, Antoine, St-Privat, 52e ligne, caporal, *Hopital de réserve II, à Leipzig*.

Friedling, Georges, Bessendorf, 2e de marine, *Hopital de réserve II, à Leipzig*.

Ferquel, Nicolas, Hyères, 94e ligne, caporal, *Hopital de réserve I Francfort-sur-le-Mein*.

Franz, Jean, Dittwiller, 40e ligne, *Hopital de réserve I à Francfort-sur-le-Mein*.

Fonlup, Antoine, St-Gervais (Puy de Dôme), 72 ligne, 5e c., 1er b., typhus, *Neisse*, † le 4 Octobre.

Fontenay, Léon-Eug., Montpichon (Manche), 63e ligne, † le 4 Octobre, typhus, *Posen*.

Fournier, Vincent, 60e ligne, † le 3 Octobre de blessure, *Dantzig*.

Faivre, Aug., 1er marine, † le 3 Octobre du typhus, *Mayence*.

Le Foata, Joseph, 45e ligne, 6e c., † le 30 Septembre du typhus, *Carthausen*.

Faucon, Louis, 66e ligne, sergent, † le 6 Septembre de blessures, *Dantzig*.

Faty, Émile, 61e ligne, † le 22 Septembre, pulmonie, *Stettin*.

Frossard, Jean, 7e ligne. † le 22 Septembre d'apoplexie, *Stettin*.

Falquière, Molières (canton du Vigan, Gard.), 72e ligne, caporal, † le 24 Septembre de dyssenterie, *Posen*.

Favre, Ant.-Edouard, 47e ligne, † le 28 Septembre de la petite-vérole, *Spandau*.

Fischer, Michel, 1er marine, typhus, † le 9 Octobre à l'hôpital militaire, *Mayence*.

Feuillotz, Eugène, Orléans 3e zouaves, 2e c. *Hop., Mannheim*.

Fulgence, Henry, Vrainge (Somme), 26e ligne, 2e b., 1re c., coup de feu au pied droit. *Spire*.

Font, Tharet, 3e ligne, coup de feu à la jambe. *Baraque II, Berlin*.

Favien, Sébastien, 68e ligne, coup de feu au mollet gauche. *Baraque II, Berlin*.

Forest, Louis, 24e ligne, coup de feu à la cuisse gauche. *Baraque II, Berlin*.

Fresallet, Auguste, Pesey, 3e ligne, 2e b., 4e c., coup de feu au pied. *Couvent des Dominicains, Dusseldorf*.

Finot, Jean-Pierre, Charly, 2e zouaves. *Infirmerie de la ville, Carlsruhe*.

Foulonnau, Victor, Montoyon, 94e ligne. 2e b., coup de feu au genou droit. *Hop. de réserve n° 3, Leipzig*.

Follinger, Ferdinand, dernière garnison à Lyon. 27e ligne, 1er b., 4e c. *Pl. forte, Marienberg*.

Francès, Charles, Marseille. 36e ligne. 1er b., 1re c. *Pl. forte, Marienberg*.

Favre, Jean. Belfort, 45e ligne, 3e b., 1re c. *Pl. forte, Marienberg*.

Froidfond, Bernard, Chambéry, 47e ligne, 1er b., 6e c. *Pl. forte, Marienberg*.

Fixier, Combes, Strasbourg, 96e ligne, 2e b., 5e c. *Pl. forte, Marienberg*.

Frebault, Justin-Louis, Beaumonteux, 24e ligne, 1re c., sergent-major, coup de feu au bras d. *Sœurs de la Charité, Darmstadt*.

Fournon, Paul-Henry, St-Sauveur, 2e turcos, 2e c., sergent, coup de feu au pied gauche. *Orangerie, Darmstadt*.

Le Floch, Baunalie, 70e ligne. *Hop. de rés., Schwetzingen*.

Fahet, Auguste, Schaimes, 3e zouaves. 3e b., 1re c., coup de feu au mollet gauche. *Hop. de bar. Giessen*.

Fournier, Jean-Baptiste, Paddier, 20e chass. à pied, 3e c., coup de feu à l'épaule gauche et tête. *Orangerie, Bessungen*.

Fontaine, Jérémie, Bois-les-..., 45e ligne, 1er b., 6e c. *Hop. de rés., Berlin*.

Fauvais, Ernest, Fèves, 18e chass. à pied. 4e c. *Hop. de rés., Francf.-s/M.*

Favre, François, Puylaurent, 67e ligne. *Hop. de la gare, Carlsruhe*.

Fille, Marie, Cuers (Var), 54 ligne, sergent. *Hop. de la gare, Carlsruhe*.

Fontaine, Auguste, 45e ligne, 4e c., coup de feu au côté gauche. *Hop. de rés., Cassel*.

Farrier, Jean, 3e zouaves. *Hop. de bar., Berlin*.

Favien, Sébastien, 68e ligne. *Hop. de bar., Berlin*.

Forest, Louis, 24e ligne. *Hop. de bar., Berlin*.

Fiérin, Pierre, Olivier, 30e ligne, 2e b., 6e c., coup de feu à la cuisse droite. *Hop. de rés., Leipzig*.

Faurter, César, Au Ville, 12e ligne, 2e b., 7e c., coup de feu à l'épaule droite. *Hop. de rés., Leipzig*.

Feuillade, Eugène, Orléans, 3e zouaves. *Hop. n° 5, Mannheim*.

Forgé, Alfred, Paris, 1er chass. à pied, 7e c., coup de feu à la tête et épaule. *Hop. n° 5, Mannheim*.

Fischer, Aloys, Tommdorf, 51e ligne, 3e c., coup de feu à la cuisse gauc. *Hop. de bar. II. Mannheim*.

François, Geoffroy, Béde. 2e zouaves, 3e c., coup de feu à la cuisse. *Hop. de bar. II. Mannheim*.

Freycinet, François, 12e ligne, gravement blessé. *Hop., de Nancy*.

Fischau Guillaume St-Pernain. 64e ligne 6e c. *Hop. de rés. n° 1. Francf.-s/M.*

Ferman, Louis, Austenau, 98e ligne, 3e c. *Hop. de rés. n° 1, Francf.-s/M.*
Férry, Léon Eugène, Melun, 4e ligne, 4e c. *Hop. de rés. n° 1, Francf.-s/M.*
Flavie, Pierre, Leunay, 7e ligne. *Nouv. Séminaire, Carlsruhe.*
Florent, J.-Baptiste, St-Paul, 3e ligne. *Nouv. Séminaire, Carlsruhe.*
Fromayer, François, Jôze (Puy-de-Dôme), 56e ligne. *Nouv. Séminaire, Carlsruhe.*
Feuillâtre, Eug.-Aug., Orléans (Loiret), 3e zouaves, 2e c. *Seilerbahn.*
Fiermain, Germain, Moulins-en-Gilbert (Nièvre), 50e lig., 1er b., 3e c., amputé. *Hop. n·*
Fouchon, Pierre, Montgotfier, 67e ligne. *Hop. de rés., Schwetzingen.*
Frat, Jean, Autre (Seine), 32e ligne. *Hop. de rés., Schwetzingen.*
Farges, Louis, Saines ou Saintes. 28e ligne. *Hop. de rés., Schwetzingen.*
Fournier, Etienne, Chènebois, 12e ligne. *Hop. de rés., Schwetzingen.*
Ferron, Marc, 5e génie, 2e c. *Halle-s/S.*
Franchi, Dominique, 9e artil. monté, maréc.-de-logis. *Hop. de rés., Brieg.*
Friboulet, Jules, 14e ligne, 1er b., 2e c. *Hop. de rés., Brieg.*
Filot, Paul, 9e artil. monté. *Hop. de rés., Brieg.*
Friteau, Reymond, 14e artil. monté. *Hop. de rés., Brieg.*
Fourquemin, Henri, 4e hussards, 1er esc. *Hop. de rés., Brieg.*
François, Hermann, Moslens, 12e ligne. *Hop. de rés., Schwetzingen.*

Grandet, Jean, Lagui (Landes), 25e ligne, coup de feu au cou. *Bamberg.*
Grillat, Zéphirin, Bainville (Vosges), 25e ligne, deux coups de feu à la cuisse droite. *Bamberg.*
Gadon, François, Einville (Meurthe), 9e chass. à pied, 6e c., coup de feu à la jambe droite et au pied gauche. *Spire.*
Grillot, Zéphirin, Bainville (Vosges), 25e ligne, 3e b., 3e c., coup de feu à la jambe droite. *Spire.*
Guillimfouert, Jean, Liméadous (Pyrénées), 19e artil., 5e batt., maréchal-des-logis, coup de feu au mollet droit. *Spire.*
Goulard, Jean, La Bussière (Côte-d'Or), 4e ligne, 2e b., 2e c., sergent, coup de feu à la hanche droite. *Spire.*
Grandet, Etienne, Hutzeche (Corrèze), 10e ligne, 1er b., 4e c., coup de feu au genou gauche. *Spire.*
Grantet, Jean, Lacqui (Landes), 35e ligne, 1er b., 2e c., coup de feu au cou et éraflure à la main droite. *Spire.*
Gauscaz, Jean, Tréogat (Finistère), 91e ligne, 3e b., 5e c., coup de feu à la cuisse droite. *Spire.*
Guerzuit, Jean, Marestaing (Gers), 28e ligne, 2e b., 5e c., coup de feu au pied gauche. *Spire.*
Genke, Henri, 18e ligne, coup de feu à la main gauche. *Bar. II, Berlin.*
Gasparol, Louis, 50e ligne, 1er b., 2e c., caporal. *Bar. III, Berlin.*
Gatilot, Louis, 2e ligne, coup de feu au pied droit. *Bar. II, Berlin.*
Galius, François, Luchon, 67e ligne. *Hôpit. milit. Spandau.*
Gépier, Maric, Pont-à-Mousson, 12e ligne. *Hôpit. mil., Carlsruhe.*
Gardet, Antoine, Uselle, 100e ligne, 1er b., coup de feu à la cuisse g. *Hop. de rés., III, Leipzig.*
Galliègne, Emanuel, Valencourt, 76e ligne, 2e b., coup de feu à la bouche. *Hôpit. de rés. III, Leipzig.*
Gascoin, Louis, 2e zouaves, 3e b. *Hôpit. milit., Berlin.*
Grandet, Jean, commune de Laqui, 25e ligne, coup de feu au cou. *Où?*
Grillot, Zéphirin, Bainville, 25e ligne, coup de feu à la cuisse droite. *Où?*
Grand, Morgin-Ferdinand, La Voire, 1er ligne, fièvre gastrique. *Où?*
Gartez, François, Nancy, commissariat, secrétaire, catarrhe. *Où?*
Gaudendy, Honoré, Grasse, 5e ligne, pieds enflés. *Où?*
Germain, Walbourg, 8e cuirassiers, sous-lieutenant. *Où?*
Girard, Joseph, Perpignan, 4e bat. chasseurs. *Hôpit. de rés. II, Braunschweig.*
Gilet, Emile, 31e ligne. *Hôpit. de rés., II, Braunschweig.*
Grosmann, Antoine, 58e ligne. *Hôpit. de rés. II, Braunschweig.*
Gaillard, 11e artil. *Hôpit. de rés. II, Braunschweig.*
Gilbert, Daniel, 91e ligne, caporal. *Hôpit. de rés. II, Braunschweig.*
Grenon, Charles-Auguste, St-Georges, 84e ligne, 3e b., 1re c., coup de feu dans le bras droit, dans l'épaule droite et la cuisse droite. *Orangerie, Bessungen.*

Grenon, Louis, Château-Sous-Indre, 71e ligne, coup de feu à la cuisse gauche. *Hôpit. de la gare, Carlsruhe.*

Gruel, Jules, Rouen, 65e ligne. *Hôpit. de la gare, Carlsruhe.*

Gausslin, Victor, Carneville, 26e ligne. *Hôpit. de la gare, Carlsruhe.*

Gilbert, 50e ligne, 3e c. *Hôp. de réserve n° 1, Francfort-sur-Mein.*

Guerfi ben Mahomed, 3e turcos, 2e c. *Caserne des uhlans, Berlin.*

Geofroy, François, 3e zouaves, coup de feu en haut de la cuisse droite. *Hopt. de réserve n° 1, Cassel.*

Gorou, Ferdinand, 54e ligne, 5e c., coup de feu à la cuisse gauche. *Hôp. de rés., n° 1, Cassel.*

Garreau, G., 20e chasseurs, 3e c., coup de feu au côté droit. *Hôpital de réserve n° 1 , Cassel.*

Givre, Jean-Marie, 47e ligne, 2e c., fracture au bras droit. *Hôpital de réserve n° 1, Cassel.*

Gatilot, Louis, 2e ligne, caporal. *Hôp. de baraque II, Berlin.*

Gursow, Christophe, 1er turcos, lieutenant *Hôp. de bar II, Berlin.*

Gorve, Ferd., 54e ligne. *Hôpit de bar. II, Berlin.*

Gardet, Antonio (Corèze), 100e ligne, 1er b., 2e c., coup de feu à la cuisse gauche. *Hôpit. de rés. n° 3, Leipzig.*

Galliégue, Emanuel, Valincourt, 56e ligne, 2e b., 3e c., coup de feu au mollet d. *Hôpit. de rés. n° 3, Leipzig.*

Gersyk, Constantine, 3e turcos. *Hôpit. V, Mannheim.*

Goursat, Michel, St-Jean-de-Col., 65e ligne, 4e c., sergent, coup de feu au bras et à l'épaule. *Hôp. V, Mannheim.*

Guillot, François, Lyon, 2e zouaves, 3e c. *Hôpit. V, Mannheim.*

Gumery, Jean-Marie, Au Bois, 74e ligne, 2e c. *Hôpit. V, Mannheim ou Seilerbahn.*

Gabet, Claude (Aisne), 94e ligne, gravement blessé. *Ecole Forest., Nancy.*

Guetz, Jean, Villefranche, 70e ligne, gravement blessé. *Hop. Ste-Marie, aux Chênes.*

Girondier, Pierre, Angeal, 93e ligne, 4e c., caporal, coup de feu au pied. *Hôpit. de bar., Mannheim.*

Glück, Antoine, Sufflenheim, 64e ligne, 2e c., coup de feu au pied. *Hôp. de bar., Mannheim.*

Guitta, Jean-Pierre, Lyon, 47e ligne, 7e c., sergent-major, blessé à la bouche. *Hôp. de bar., Mannheim.*

Germain, Jean-Marie, Briançon, 4e ligne, gravement blessé. *Hop., Nancy*

Gaillou, François, Neuilly, 12e ligne, 6e c. *Hôp. de réserve, Francf. s/M.*

Gerbert, Albert, Tonguert 10e ligne, 1re c. *Hôp. de réserve, Francf.-s/M.*

Guéry, Pierre, Iodesache ou Chaudesac, 95e ligne, 6e c. *Hôp. de réserve, Francf.-s/M.*

Gauvier, Pierre, Férel, 10e ligne, 4e c. *Hôpital de réserve, Francfort-sur-Mein.*

Gugonnet, Joseph, Beaustière, 98e ligne, 3e c.. caporal. *Hôpital de réserve, Francfort-sur-Mein.*

Gambon, Jérôme, Toulouse, 1er ligne, 3e c., coup de feu au bras. *Hôpital de baraque n° 6, Mannheim.*

Guénin, Charles, Paris, 74e ligne, 1er b., 6e c., coup de feu à la cuisse. *Hôpital de baraque n° 6, Mannheim.*

Guillet, M.-Aug., Lyon, 56e ligne. *Au nouveau Séminaire, Carlsruhe.*

Gauthier, B., Mary (Saône), 61e ligne, 3e c. *Seilerbahn.*

Goursat, Michel St-Jean 65e ligne, 4e c.. sergent, coup de feu au bras et à l'ép. *Seilerbahn.*

Guillot, François, Lyon, 2e zouaves, 3e c. *Seilerbahn.*

Grossjean, Alexis Paris, 50e ligne, blessé à Metz. *Hôpital de réserve, Schwetzingen.*

Goberville, Léop., Boulogne, 65e ligne. *Hôpit de rés., Schwetzingen.*

Guélard, Auguste, La Verrière 98e ligne. *Hôpit. de rés , Schwetzingen.*

Gayard, Jean, Aigueperse, 98e ligne, caporal. *Hôpit. de rés., Schwetzingen.*

Grafmille Charles, Paris, 98e ligne. *Hôpit. de rés., Schwetzingen.*

Goimier, Auguste, Langenet, 29e ligne. *Hôpit. de rés., Schwetzingen*

Guiziou, Jean, 19e ligne, 2e b., 3e c., coup de feu à la cuisse gauche. *Hop. de campagne VII, Coligny.*

Gand, François, 19e ligne, 1er b., 2e c, fracture de la cuisse gauche. *Hôpit. de camp. VII, Coligny.*

Génin, Nicolas, 15e chasseurs à pied., 2e c., caporal, coup de feu aux jambes. *Hop. de camp. VII, Coligny.*

Gilbert, Jean, 61e ligne, 7e c. *Halle-s/S.*

Gounod, Alexandre. 93e ligne, 1re c. *Halle-s/S,*

Gaspar, Charles, Defoit (Ariège), 66e ligne, 2e b., 6e c., coup de feu au bras gauche. *Hôpital n° 7 Mannheim.*

Geholin, Alfred, Baumont, 21e ligne, 3e c., catarrhe et blessure à la tête. *Hôpital n° 1, Mannheim.*

Gauthier, B., Murg, 61e ligne, 3e c. *Où ?*

Garsant, Lucien, 24e ligne, 3e c., sergent, *Hopital militaire à Berlin.*

Gentine, Theibot, 40e ligne, 3e c., *Hopital militaire à Berlin.*

Gouise, Pierre, 50e ligne, 3e c., *Hopital militaire à Berlin.*

Gérard, Victor, 50e ligne, 6e c., caporal, *Hopital militaire à Berlin.*

Grassaz, Jean-Baptiste, 56e ligne, 2e b., 3e c., *Hopital à Hildbourghausen.*

Gilbert, Joseph, 56e ligne, 7e c., *Hopital à Hildbourghausen.*

Gulderfels, Ignace, Ensisheim (Bas-Rhin), 3e zouaves, 1e c., coup de feu à la hanche, *Hopital de réserve à Giessen.*

Gire, Olivier, Marolles, 2e dragons, *Hopital de Charlottenbourg.*

Garsaux, Lucien, 24e ligne, sergent, *Hopital de Berlin.*

Guillaumin, André, garnison de Lyon, 3e ligne, 1er b., 6e c., *place forte Marienberg.*

Geoffroy, Pierre-Auguste, garnison de Lyon, 17e ligne, 1er b., 1e c., *place forte Marienberg.*

Guiho, François-Paul, 68e ligne, 3e b., 1e c., *place forte Marienberg.*

Genot, Léopold, Strasbourg, 96e ligne, 3e b., 2e c., *Place forte Marienberg.*

Gallet, Guillaume, Alger, 1er zouaves, 1er b., 3e c., *Place forte Marienberg.*

Gauthier, Jean, Constantine, 3e zouaves, 1er b., 6e c., *Place forte Marienberg.*

Grojean, Louis, Constantine, 3e zouaves, 3e b., 2e c., *Place forte Marienberg.*

Gros, Bern., Haguenau, 3e hussards, coup de feu au pied droit, *Place forte Marienberg.*

Gaven, Pierre, 74e ligne, *Hôpital de Hofgeismar.*

Gauthier, Célestin, 74e ligne, *Hopital de Hofgeismar.*

Ganzler, Adolphe, Haguenau, 9e d'artillerie, *Hopital de Hofgeismar.*

Gagpiene ou **Gaspien,** Antoine, 50e ligne, *Hopital de Hofgeismar.*

Gautier, 74e ligne, *Hopital de Cassel.*

Gastineau, 74e ligne, lieutenant, *Hopital de Cassel.*

Garzot, 50e ligne, *Hopital de Cassel.*

Galseau, 48e ligne, *Hopital de Cassel.*

Gautrat, Thomas, 48e ligne, *St-Hedwig, Berlin.*

Girard, Joseph, Savoie, 74e ligne. *Hofgeismar.*

Goussot, Christophe, Moselle, lieutenant, *Hofgeismar.*

Gondart, Victor, 47e ligne. *Hopital à Francfort-sur-Mein.*

Gourdin, 13e chasseurs, sergent, *Hopital de Cassel.*

Gilmaire, Jules, 3e ligne, caporal. *St-Hedwig, Berlin.*

Gonon, Jean-Marie, Coenve (Rhône), 99e ligne, *St-Hedwig, Berlin.*

Grasscz, Jean-Baptiste, 56e ligne, *Hopital à Hildbourghausen.*

Guiset, 50e ligne, *Hopital de Cassel.*

Guerin, Jules, Cournonterral, 48e ligne, lieutenant, *St-Hedwig, Berlin.*

Grand, Benoît, Lyon, 56e ligne, *St-Hedwig, Berlin.*

Guibert, Alex., Beillé (Sarthe), 2e zouaves, 2 b., 6e c., *Maison de la loge, Heidelberg.*

Gélinet, Léopold, Metz, 2e zouaves, *Clinique Rœder, Heidelberg.*

La Grue ou **Grece,** Antoine, Lorp (Corrèze), 47e ligne, 6e c., coup de feu aux cuisses. *Hop. Reiss II, Heidelberg.*

Gerber, Ernest, Mariakirch (Haut-Rhin), 13e ligne, coup de feu à la jambe gauche, *Edenkoben,* évacué à *Mannheim le 20 Août 1870.*

Gour, Jean, Usine, 13e ligne, *Edenkoben,* évacué à *Mannheim le 15 Août 1870.*

de **Goué,** Joseph, 2e ligne, sous-lieutenant, *Woerth s. Sauer (Bas-Rhin).*

Goecke, 45e ligne, capitaine, *Froeschwiller (Bas-Rhin).*

Graulle, 2e turcos, sous-lieutenant, *Reichshoffen.*

de **Grammont,** 47e ligne, colonel, blessé au bras, *Reichshoffen (Bas-R*

Guèze, 2e turcos, capitaine, *Niederbronn.*

Gaillart de Laroche, 3e zouaves, capitaine. *Niederbronn.*

Gautheret, J.-B., 45e ligne, lieutenant. *Niederbronn.*

Le Gronter, 3e turcos, capitaine, *Reichshoffen.*

Goujot, 96e ligne, sous-lieutenant, *Reichshoffen.*

Germain, 8e cuirassiers, sous-lieutenant, blessé. *Walbourg.*

Girardet de St-Agathe, 56e ligne, chef de bataillon, prisonnier non blessé, *Allemagne.*

Gauthier, 56e ligne, capitaine, blessé *On ne sait où.*

Gossard, 56e ligne, sous-lieutenant. *On ne sait où.*

Grandmange, Lucien, Bitsche, 32e ligne, 2e b. sergent, coup de feu à l'épaule gauche, *Neustadt*, évacué à *Mayence.*

Gouenob, Franç., Fourchembeau, 1er zouaves, 2e c., coup de feu au genou droit. *Orangerie, Darmstadt.*

Gonaige, Jean-Bapt., Lille, 1er zouaves, 4e c., coup de feu à la cuisse gauche, *Orangerie, Darmstadt.*

Guicher, Jacques, Parigny-l'Évêque, 2e génie, coup de feu à la tête, *Orangerie, Darmstadt*, guéri.

Girond, Marius, Demondoll (Basses-Alpes), 3e ligne, 5e c., coup de feu à la cuisse gauche, *Orangerie, Darmstadt.*

Gilet, Charles, Laflèche, 48e ligne, 3e c., coup de feu à la cuisse droite, *Orangerie, Darmstadt.*

Gazio, Jules, Theise, 24e ligne, 2e c., coup de feu au genou, *Orangerie, Darmstadt.*

Guldenfels, Ignace, (Alsace), 3e zouaves, 1re c. *Giessen.*

Gandolière, Antoine, Vauqueray, 98e ligne, clairon, *Hôp. de réserve, Schwetzingen.*

Goetsch, Daniel, Droulheim, 33e ligne, *Hôp. de réserve, Schwetzingen.*

Grall, Jean, St-Volay, 43e ligne, *Hôp. de réserve, Schwetzingen.*

Grosjean, A., Ainville, 74e ligne, caporal, *Hôpit. de réserve, Schwetzingen.*

Grenier, S., Viril Heselin, 57e ligne, caporal, coup de feu à la cuisse gauche, *Hôpital de réserve, Schwetzingen.*

Gabouville, L., Boulogne, 65e ligne, *Hôp. de rés., Schwetzingen.*

Guélard, Aug., La Verrière, 98e ligne, *Hôpital de rés., Schwetzingen.*

Guidar, Paynat (Lozère), 99e ligne, 1er b., 2e c., *Hôp. de réserve, Schwetzingen*, évacué sur *Ulm.*

Grosjean, Louis, Villars (Haute-Saône), 8e chass. à pied, 1e c., *St-George, Augsbourg.*

Grafenille, Ch., Rochefort, 98e ligne, sergent. *Hôpital de réserve, Schwetzingen.*

Giraud, Alex., Romans, 98e ligne, *Hôp. de réserve, Schwetzingen.*

Goyard, Jean, Aigueperse. 98e ligne, caporal, *Hôpit. de réserve, Schwetzingen.*

Guillemoud, Pr., Lyon, 98e ligne, caporal. *Hôp. de réserve, Schwetzingen.*

Guidon, Frd , Foriellent, 80e ligne, caporal, jambe gauche, *Hôp. de réserve. Schwetzingen.*

Graveraud, Joseph, Elbeuf, 19e ligne, capitaine, *St-Hedwig, Berlin.*

Gonon, Jean-Marie, Leuve (Rhône), 99e ligne. *St-Hedwig, Berlin.*

Guillaume, 3e turcos, lieutenant, *Hôp. de rés. Cassel.*

Gouin, Gust.-Hipp., Mér ou Mès, 1er ligne, *Hôp. de rés., Cassel.*

Gillé, Eugène, Paris, 2e cuirassiers, *Hop. de rés., Cassel.*

Gosselin, Philippe, Ouesnay, 3e chass. à pied, lieutenant, *St-Hedwig, Berlin.*

Geay, Henry, Vienne, zouaves, 3e c., coup de feu au bas-ventre, *Hop. milit. de Mayence.*

Gastin, Pierre, 94e ligne, 6e c., *Hop. de rés. à Lubeck.*

Gauget, Joseph, 94e ligne, 2e c., sergent. *Hop. de rés. à Lubeck.*

Glad, Joseph, 51e ligne, 3e c., *Hop. de rés. à Lubeck.*

Grantau, Paul, Costel, 15e ligne, *Hop. de rés. de Schwetzingen.*

Gansou, Const., Louvemont, 12e chass. à pied, *Hop. de réserve à Schwetzingen.*

Goidy, L., Losbardier, 18e artill. *Hop. de rés. Schwetzingen.*

Gillard, Jean, Blumillot, 33e ligne, *Hop. de rés. à Schwetzingen.*

Gersyk, Constantine, 3e turcos, *Hop. de Mannheim.*

Guillot, François, 3e zouaves, 3e c., *Hop. de Mœnnheim.*

Gumery, Jean-Marie, Au Bois, 74e ligne, 2e c., *Hop. de Mannheim.*

Gallant, Cyprien 1er zouaves, 3e b. 1re c. *Hop. de rés., Brieg.* Sorti.

Gérardin, Cristophe, 8e chass. à cheval. *Hop. de rés , Brieg.* Sorti.

Grimault, Emile, 3e rég. inf. de marine, 1er b., 2e c., sergent. *Hop. de rés.. Brieg.*

Gervais, Félix. 20e artil. monté, maréchal-des-logis. *Hop. de rés., Brieg.* Sorti.

Gand, Auguste, 2e rég. inf. de marine. 3e b., 3e c., sergent-fourrier. *Hop. de rés., Brieg.*

Grandjean, Constant. 20e art. monté. *Hop. de rés., Brieg.* Sorti.

Guelfenne, Guillaume, 3e zouaves, 1er b., 3e c. *Hop. de rés , Brieg.*

Gondollièr, Antoine, Vaugnerz, 98e ligne, blessé à Metz. *Hop. de rés.. Schwetzingen.*

Grenier, Jean-Marie, 2e ligne, 2e b., 2e c. *Hop. de rés., Brieg.*

Gaillard, Paul, 2e artil. monté. *Hop. de rés., Brieg.* Sorti.

Gonet, Joseph, 2e rég. inf. de marine. *Hop. de rés., Brieg.*

Guillet, Anthelme, 12e artil. monté. *Hop. de rés., Brieg.*

Giacomoni, Jean-Etienne, 79e ligne, 1er b., 3e c. *Hop. de rés., Brieg.*

Gerondier, Pierre, Anglai, 93e ligne, 4e c., cap. *Hop. de rés., Francf.-s/M.*

Gartier, Emile, 50e ligne, coup de feu à la cuisse. *Wissembourg.*

Gorge, Joseph, 19e artil. monté. *Hop. de rés., Brieg.*

Gausse, Jean, 58e ligne. *Hop. milit., Spandau.*

Gautier, Jean, Domène (Isère), 4e artil., 3e batt., artificier. *Hop. milit., Spandau.*

Gaset, Etienne, Torcy, 16e chass. à pied, 4e c. *Hop. milit., Spandau.*

Germont, Nicolas, Tremmelennes (Ardennes), 4e ligne, sergent-major, amputé d'un doigt. *Ambul. Pont-à-Mousson.*

Garek, Louis, Dormin, 26e ligne coup de feu aux deux jambes. *Ambul., Pont-à-Mousson.*

Giraldo, Pierre, Castelnau (Haute-Garonne), 52e ligne, rhum. art. *Hop. de rés., Neuwied.*

Gelée, Emile, Montmartre, 67e ligne, 1er b., 11e c., fièvre. *Bar. 11, Heidelberg.*

Gény, Victor-Marie, 1er ligne, major. *Wiesbaden.*

Gabrieli, Pierre, 1er turcos, sous-lieut. *Wiesbaden.*

Grimault, Emile, 3e inf. de marine, 1er b., 2e c., sergent. *Hop. de rés., Brieg.*

Gachet, Auguste, 1er ligne, 4e b, 3e c. *Hop. de rés., Brieg.*

Guillaume, Charles, Lunéville. 1er ligne, 6e c. *Hop. mil., Spandau.*

Guillet, Aristide-Jos., St-Martin, 58e ligne, 2e c., sergent. *Hop. mil., Spandau.*

Guilbert, Léon-Paul, 3e lanciers, 3e esc. *Hop. mil., Spandau.*

Georges ou **Georgis**, 2e zouaves. *Bischwiller.*

Garnier, 13e chass. à pied, sergent. *Bischwiller*

Gardin, Stanislas, 78e ligne. *Bischwiller.*

Grange, Auguste, 47e l'gne. *Bischwiller.*

Gagnant, 3e zouaves. *Bischwiller.*

Garapont, Charles, 96e ligne, caporal. *Bischwiller.*

Goetsch, Joseph, Klenau, 3e zouaves. *Ambul., Soulz.* † le 17 Septembre.

Gautheret, Nicolas, Fresnoy, 96e ligne, 2e b., 6e c. *Ambul., Soulz.*

Guendout-ben-Cheik, Mostaganem, 3e turcos, 2e b., 6e c., lieut. *Ambul., Soulz.* † le 28 Août.

Gigot, Auguste, Bollène, 74e ligne, 3e b., 1re c., adjud.-major. *Ambul., Soulz.* † le 11 Septembre.

Girardeau, Peyssac, 20e ligne, 3e c. *Hop. de rés., Leipzig.*

Giselon, Charles, Bar-le-Duc, 89e ligne, 2e c. *Hop. de res., Leipzig.*

Galiane, Joseph, Tripin d'Aigues, 52e ligne, 3e c., blessé à la tête. *Hop. de rés., Leipzig.*

Germain, Marie, Cylseste, 12e ligne, 4e c. *Hop. de rés., Leipzig.*

Gite, Joseph, Martinique, 28e ligne, 1re c. *Hop. de rés. I, Francf.-s/M.*

Gouin, Gustave, Clauda, 9e ligne, 3e c., sergent-fourrier. *Hop. de rés. I Francf.-s/M.*

Gilbriz, Jean-Louis, Clequarie, 50e ligne, 2e c., caporal. *Hop. de rés. I, Francf.-s/M.*

Gugyr, Jean, Deugem, 31e ligne, 2e c. *Hop. de rés., Leipzig.*

Gentey, Alexandre, 20e ligne, 1er b. *Spandau.* † le 5 Octobre, dyssenterie.

Girard, Pierre, 82e ligne. *Torgau.* † le 7 Octobre, typhus.

Gravière, Antoine, Crézioux, canton de Saint-Dier (Puy-de-Dôme), 45e ligne, 2e b., 2e c. *Wessel.* † le 7 Octobre, dyssenterie.

Guinot, Charles, 40e ligne. *Wittenberg.* † le 4 Octobre, phthisie.

Guerrier, Jean-Pierre, 14e ligne, 5e c. *Carthausen.* † le 30 Septembre, petite-vérole.

Gauthier, Joseph, 94e ligne. *Wittenberg.* † le 30 Septembre, fièvre.

Gabreaux, Auguste-Pierre, Sainte-Menehould (Marne), orphelin de père, la mère marchande, garde mobile. *Glogau.* † le 30 Septembre, petite-vérole.

Guille, Jean, 14e ligne. *Posen.* † le 29 Septembre, petite-vérole.

Geay, Emile, 2e zouaves, coup de feu au ventre. *Mayence.* † le 28 Août.

Glentzle, Louis, 1er grenadiers, 6e c., coup de feu à la figure. *Coblence.* † le 11 Septembre.

Garnier, André, 1er ligne, coup de feu aux yeux. *Coblence.* † le 16 Septembre.

Grosgeorge, Charles-Constant, 66e ligne, coup de feu au pied. *Coblence.* † le 28 Septembre.

Guillot, Julien, 23e ligne, bessure grave. *Dantzig.* † le 26 Septembre.

Geschwind, Joseph, 7e artil., dyssenterie. *Deutz.* † le 26 Septembre.

Gaudillière, Emile, 66e ligne, 2e b., coup de feu au ventre. *Coblence.* † le 25 Août.

Guillaume, Rose, 84e ligne, coup de feu à la cuisse. *Coblence.* † le 3 Septembre.

Gordiolet, Honoré, 53e ligne, 1re c. *Halle-s/S.*

Guilloret, Jean, 1er rég. infant. marine, typhus. *Mayence.* † 7 Octobre. *Hop. milit.*

Georgin, Louis, 49e ligne, inflamm. des poumons. *Erfurth.* † le 28 Septembre.

Gros, Auguste, 1er train d'artil , typhus. *Mayence.* † le 9 Octobre.

Giraud ou **Jireau**, Jean-Marie, 1er ligne, dyssenterie. *Coblence.* † le 22 Septembre.

Hollbein, Nicolas, Eschensweiler, 63e ligne, 4e c. coup de feu à la cuisse g. *Hpt. de rés., Weilbach.*

Hamann, Nicolas, Lehmberg, 77e ligne, 1re c., blessure au pied. *Hpt. de rés., Weilbach.*

Hergott, Jean, 2e cuirass., *Spandau.* Guéri.

Herbert, 36e ligne, *Hôpital de réserve, Cassel.*

Hervé, François, en garn. à Paris, 66e ligne. *Hôpital Charlottenburg.*

Huchon, Constantin, garn. à Marseille, 99e ligne, 1er b., 4e c., sergent. *Place forte Marienberg.*

Hirt, Célestin, Besançon, 73e ligne, 1er b., 1re c., *Place forte Marienberg.*

Haden-ben-Mahomed, 1er turcos, 3e b. *Hôpital Hofgeismar.*

Haut, François, 15e ligne. *Hpt. Cassel.*

Hamet-ben-Hamet, 1er turcos. *Hôpital milit. Francfort-sur-Mein.*

Hamet-ben-Abdel-Kader, 1er turcos. *Hpt. milit., Francfort-sur-le-Mein.*

Harter, André, 3e zouaves. *Hpt. St-Hedwig, Berlin.*

Hartel-el-Hadj, 2e turcos, *Hpt. St-Hedwig, Berlin.*

Hadach-el-Kader, 2e turcos, *Hpt. St-Hedwig, Berlin.*

Hallier, Auguste, 17e chass. à pied. *Hôpital St-Hedwig, Berlin.*

Hebert, C., 50e ligne. *Hôp. Cassel.*

Henri, Auguste, 50e ligne. *Hôp. Cassel.*

Hippolyte, G., 47e ligne. *Hôp. Francfort-sur-Mein.*

Hennoun-ben-Soliman, Oran, 3e turcos, 3e b., 1re c., caporal, coup de feu au genou et à la cuisse, *Reiss I, Heidelberg,* le 27 Août à *Francfort.*

Hansin, Beactra, Oran, 2e turcos, coup de feu dans la main droite. *Reiss, II, Heidelberg.*

Hurtel, 2e zouaves, capit., }
Hurtel, 2e zouaves, lieut., } *Reichshoffen (bas Rhin),* ont été à Wœrth et évacués depuis.

Hosi, Nicolas, Thionville, 24e ligne, 1re c., caporal. *Darmstadt.*

Huraux, Ed.-Fr., Ramouchamp, 40e ligne, 1re c., coup de feu à la poitrine. *Darmstadt.*

Handberg, François, Heckning, 40e ligne, 1re c , blessure à la cuisse. *Darmstadt.*

Héron, François, Morlaix, 12e ligne. *Hpt. de réserve, Schwetzingen.*

Hubert, Jean-B., Puttlang, 17e artill., coup de feu à la cuisse droite. *Hôp. de réserve, Schwetzingen.*

Hyppolite, J., Hâvre, 74e ligne, coup de feu à la cuisse gauche. *Hôpital de réserve, Schwetzingen.*

Hores, Jacques, Holbach-Rohrbach (Moselle), 30e chass. à pied. *Ambulance du Dr. Niethammer, Stuttgart.*

Hiard, George, Toulouse, 1er zouaves, 3e b., 1re c. *Hôpital civil, Stuttgart.*

Horoy, Charles, Mony (Oise), 2e zouaves, 3e b., 2e c., caporal. *St-George, Augsbourg.*

Hoh, Alois, Strasbourg, 33e ligne, caporal, coup de feu au pied gauche. *Hôp. de rés., Schwetzingen.*

Haben, Biceroque, Oran, 2e turcos. *St.-Hedwig, Berlin.*

Henri, Joseph, 67e ligne, 3e c., *Maison de travail, Altona près Hambourg.*

Hessler, Jean, 3e garde, 5e c. *Maison de travail, Altona près Hambourg.*

Hardil, Jean-Nicolas, 1er cuirass. de la garde, 3e esc. *Maison de travail, Altona près Hambourg.*

Hass, François, 7e dragons, 1er esc. *Maison de travail Altona près Hambourg.*

Hemasath, 74e ligne. *Hôp. Pange.*

Hœren, Max, Bocoun, 3e zouaves, 2e b., 6e c., coup de feu aux jambes. *Convent des Dominicains, Düsseldorf.*

Hugues, Abel, Pugetville (Var), 99e ligne, 2e b., 4e c. *St-George, Augsbourg.*

Haussois, Gustave, Dijon, 5e ligne, sergent. *Où ?*

Hassenfeichter, Etienne, Regisheim, 65e ligne. *Hpt. de la gare, Carlsruhe.*

Hohebein, Nicolas, Eschenweiller, 63e ligne, 4e c. *Hpt. de la gare, Carlsruhe.*

Hatsch-ben-Oder, 1er turcos, 5e c. *Hôp. de rés., Francfort-sur-le-Mein.*

Had-ben-Amann, 1er turcos, 6e c., coup de feu au bras droit. *Hôpital de réserte, Cassel.*

Heni-Salahben, 1er turcos. *Hôp. de bar. II, Berlin.*

Hageweiles, Jules, Besançon, 9e ligne, sergent-major, gravement blessé. *Ste-Marie aux Chênes.*

Heldt, Frédéric, 55e ligne. *Hpt. de rés, Stolpe.*

Herbet, Théophile, Amiens, 26e ligne, 6e c., coup de feu au ventre. *Hôp. de baraque, Mannheim.*

Henry, Jacques, Campe, 97e ligne, 4e c. *Hôp. de réserve I, Francfort-sur-le-Mein.*

Hermann, Pierre, Chataulin, 28e ligne, 6e c. *Hôpit. de réserve I, Francfort sur-le-Mein.*

Heisch, Ph., Blinschweiler, 43e ligne, 1re c., caporal, coup de feu à la cuisse. *Hôp. n° 6, Mannheim.*

Hudry, Jean, Lyon. 8e ligne, 1re c.. coup de feu au pied. *Hôp. n° 6, Mannheim.*

Hurlequin, Victor, Indenie (Marne), 74e ligne, 1er b., 2e c., coup de feu à la cuisse droite. *Hôp. n° 6, Mannheim.*

Halais, Victor, Monviron, 65e ligne. *Hôpital de réserve, Schwetzingen.*

Hersady, Jean, Andieren, 5e chass. *Hôpital de rés., Schwetzingen.*

Huroy, Emmery, 19e ligne, 3e b., 1re c., fracture du bras droit. *Hpt. Colligny.*

Hugues. Cassinius, 82e ligne. 3e c. *Hpt. de rés., Halle-s/S.*

Henry, Velut, 1er train d'artill., 9e batt. *Hpt. de rés., Brieg.*

Hallard, François, 9e artill. monté, 10e batt., march.-des-logis. *Hpt. de rés., Brieg.*

Hugla, Jean-Bapt., 1er zouaves, 3e b., 5e c. *Hpt. de rés., Brieg.*

Henriot, Léopold, 62e ligne, 4e b., 1re c. *Hpt. de rés. Brieg.*

Huré, Joseph, 19e artill. monté. *Hpt. de rés.. Brieg.*

Henry, Nicolas, 20e ligne. *Hpt. de rés , Brieg.*

Heck, Flor., Mutzig, 16e chass. à pied, sergent. *Spandau.*

Hugèle, Emile, 2e zouaves. *Sulz*, † le 30 Août.

Haisse, Armand, Bayonne, 93e ligne, 2e c., sergent. *Hpt. de rés. I, Francfort-s/M.*

Hurlin, Antoine, 6e cuirass. *Hpt. de rés. II, Leipzig.*

Hersent, Const., Montaudin (Mayenne), 7e chass. à chev., du typhus. *Hpt. de rés. II, Posen.* † le 2 Oct., 27 ans.

Herviens, Eug., May-s/Orne, c. de-Bourg (Calvados), 3e génie, 3. b., 4e c., typhus. *Wesel*, † le 3 Octobre.

Houdard, 74e ligne, typhus. Stettin, † le 3 Oct.

Housaye, Jean-Bapt., Chailland (Mayenne), 1re inf de marine, 3e b., 3e c., typhus. *Hpt. Glogau*, † le 3 Oct., parents vivants, la mère est née Marolle.

L'Homme, Henri, Glasonbouvier (Creuse), 47e ligne, 2e b., 2e c., dyssent. *Hpt. militaire Neisse,* † le 2 Oct

Huber, Edouard, Intendance, sous-intendant de 1re cl., pet.-vér. *Hpt. milit. Minden*, † le 9 Oct.

Janty ou **Genty**, Alexandre, 8e ligne, 4e c. *Hop. de rés., Ste-Anne, Lubeck.*

Justin, Jean, 25e ligne. 5e c , caporal. *Hop. de rés., Ste-Anne, Lubeck.*

Jouanet, Auguste, St Jonnet, 29e ligne. *Hop. de rés.. Schwetzingen.*

Joubeault, Célestin, Laudugeau (Ille-et-Vilaine), 12e ligne, 2e b., 2e c., éraflure aux cuisses. *Spire.*

Jeule, Albert, 24e ligne, coup de feu au bras gauche. *Baraque II, Berlin.*

Isend, Jean 93e ligne coup de feu à la tête. *Ste-Marie aux Chênes.*

Jolisval, Auguste 8e cuirass., brigadier, coup de feu à la hanche droite. *Bar. II, Berlin.*

Jean, Etienne garde, coup de feu dans le dos. *Bar. I, Berlin.*

Jeanjean, George, Jablon. *Hop. militaire. Spandau.*

Jvernon, Guyera, 47e ligne *Hop. de la garn., Carlsruhe.*

Jacquet, Joseph, Lyon, 2e turcos. *Infirmerie de la ville, Carlsruhe.*

Isard, Charles, Annecy, 12e ligne. 1er b., coup de baïonnette dans la poitrine. *Hopital de réserve n° 3, Leipzig.*

Ysoux, Joseph, 2e ligne. *Hop. de rés , Ste-Annen, Lubeck.*

Jsler, André, Fortschwiller (Haut-Rhin), 99e ligne, 2e b., 5e c. *St-George, Augsbourg.*

Jacquier, Jacques, Moulins 61e ligne, diarrhée. *St-George, Augsbourg.*

Jourlais, Pierre, Perpignan, 79e ligne. *Hop. de rés., Braunschweig.*

Jeule, Albert 24e ligne. *Bar. II., Ste-Marie, aux Chênes.*

Iard, Charles, Anerry, 12e ligne, 1er b., 1re c., coup de baïonnette à la poitrine. *Bar. III, Leipzig.*

Jolival, Auguste, 8e cuirassiers, brigadier. *Hop. bar II, Berlin.*

Jeniéz, P , Quatreau, 28e ligne 3e c. *Hop. rés. I, Francf -s/M.*

Jourdan, François Montélimar, 50e ligne, 3e b , 4e c. fracture du bras *Bar. VI, Mannheim.*

Julien, Simon, Freyn, 45e ligne 6e c *Hop de la gare I, Mannheim.*

Ivancourt, 66e ligne. *Bop de rés , Schwetzingen.*

Jusanville (De), Tayeloge, 64e ligne, blessé à Metz. *Hop de rés. Schwetzingen.*

Jallub, Auguste, Guilestre, 13e ligne, blessé à Metz. *Hop de rés. Schwetzingen.*

Jandelle, Blaise 18e ligne 6e c. *Halle-s/S.*

Julien, Auguste 4e chass , 2e c. *Halle-s/S.*

Ivancout (Jallet), Jean 79e ligne 1er b. 2e c., sergent-major. *Hop de rés., Brieg.*

Jouanneau, Joseph 2e inf. de marine, *Hop de rés. Brieg.*

Journet Jean-Marie 6e artil. monté. *Hop. de rés Brieg.* Sorti.

Jacquemain, Alexis, 9e ligne. *Hop. de rés. Brieg.*

Jamault, Cyrille 19e ligne. *Hop. de rés , Brieg.*

Jourdain, Hippolyte, 67e ligne *Hop de rés.. Stolpe.*

Jung, Jean 4e cuirass 3e esc. 2e c. *Hop. de rés.. Brieg.*

Itzig, Rénée Agolsheim, 21e ligne 6e c. *Hop. milit Spandau.*

Joudin, Louis Brives (Corrèze) 68e ligne 2e b 2e c. blessé au côté. *Hop. I Worms.*

Jounot, Amé Châlons 12e sect. ouvr. d'admin., boulanger. *Hop. II, Leipzig.*

Izard, Ferd'nand Rebous, 72e ligne 1re c. *Hóp. II, Leipzig.*

Jean, Jean Malan, 61e ligne. *Hóp. rés., Leipzig.*

Jeutin, Pierre Clion (Charente-Inf.) 6e chass. à chev. brigadier, typhus *Posen.* † le 4 Octobre 25 ans.

Jérôme, Jacques 21e ligne dyssenterie *Mayence.* † le 30 Septembre.

Jauvert, Pierre, St-André canton de Sarlat (Dordogne), 72e ligne, 2e b., 8e c., typhus. *Wessel.* † le 29 Septembre.

Jean, Jean-Pierre 82 ligne tuberculose. *Torgau.* † le 30 Septembre.

Ibrahim ben Mahomed, Alger, 1re turcos, 2e b., 3e c. *Cassel.* Guéri.

Joubert, François, St-Etienne, maison Matra, 60e ligne. *Hôpital Charlottenbourg.*

Jaquot, Baptiste, Tournon 32e ligne. *Hôpital Charlottenbourg.*

Janborneau, Louis 74e ligne, 1re c *Berlin.*

Ibrahim ben Carové, 1er turcos. 1re comp.*Berlin.*

Jouffroy, Jérémias garnison de Paris 1er train 13e c., brigadier. *Marienberg.*

Isard, Antoine Lyon, 17e ligne 3e b., 6e c. *Marienberg.*

Julien, Nicolas 68e ligne, 2e b., 1re c. *Marienberg.*

Janinot, Jean 68e ligne 1er b. 2e c. *Marienberg.*

Jouy, Jules 68e ligne 3e b., 4e c. *Marienberg.*

Jacob, Célestin Strasbourg, 96e ligne, 1er b., 3e c. *Marienberg.*

Jilly, Jean Baptiste, Constantine 3e turcos, 3e b. 3e c. *Marienberg.*

Jouannot, Jean de Montardon (Basses-Pyrénées), 50e ligne, blessure à la cuisse droite. *Marienberg.*

Ibrahim ben Mohamet, Martinique, 1er turcos. *Hop. Hofgeismar.*

Ibn Eissa Abderrahman, 1er turcos. *Hop. Cassel.*

Ibrahim ben Charmbi, 1er turcos. *Hop. Cassel.*

Jousef ben Aissa, Alger, 1er ligne, 2e b. *Hôpital de rés. Hofgeismar.*

Jouborneau, 47e ligne, caporal. *Hop. Cassel.*

Jourdan, Jean, Alger, 40e ligne. *Hópit. Cassel.*

Jéflot, Jean-Marie, Jean-de-Loup 48e ligne. *Clinique-Rœder pour les yeux. Heidelberg.*

Jacque, Albert, Arras, 3e turcos. *Clinique-Rœder pour les yeux. Heidelberg.*

Islam, Alger, 3e turcos. *Heidelberg.* † 10 Août.

Januli Benadatta, Ben Menassar Sapara 1er turcos, 4e b., 2e c. coup de feu à la poitrine. *Edenkoben.* † le 17 Août.

Jauxiot, Pierre-Paul 45e ligne, lieutenant *Niederbronn.*

Jouneau 2e zouaves, capitaine *Reichsoffen.*

Jeannet, Arthur, Vendôme, 40e ligne 1er b. fièvre. *Neustadt.* Evacué à *Mayence.*

Julien, Jérôme Tracy, 50e ligne, 5e c. coup de feu aux cuisses. *Darmstadt.*

Jung, Henry Sarreguemines, 3e génie, 13e c., caporal, coup de feu à l'œil et coup de baïonnette à la main. *Darmstadt.*

Josarot, Pierre Mena, 36e ligne. 2e c., coup de feu à là cuisse gauche. *Darmstadt.*
Jésus, Pierre. Amilly 21e ligne 1re c., coup de feu au pied droit. *Darmstadt.*
Jacquet, Cyrille Moussière 47e ligne, coup de feu dans la main droite. *Darmstadt.*
Jamont, J , Callaq, 25e ligne. *Hop. de rés., Schwetzingen*
Jardin, Jos , Reconvisard, 48e ligne 6e c. *St-George, Augsbourg.*
Jusanville Désiré Tapoux, 67e ligne, bless. au pied droit. *Hop. de rés., Schwetzingen.*
Jeannon, Jacques, Monthorcenne 66e ligne *Hop de rés., Schwetzingen.*
Illaire, Firmin 66e ligne. *Hop. de rés , Ste-Anne, Lubeck.*
Jouin, Antoine 8e ligne 2e c. *Hop. de rés. Ste-Anne, Lubeck.*

Kaufmann, Charles Ingersheim 76e ligne, *Hpt. Charlottenbourg.*
Kaddour ben Braham, 1er turcos, 2e b., 4e c., *Place forte Marienberg.*
Kaddour ben Mecian, Alger, 1er turcos, *Hpt. de Hofgeismar.*
Kaci ben Schiman, Alger, 1er zouaves, *Hpt. de Hofgeismar.*
Kadedor ben Tahar, Alger, 1er zouaves, *Hpt. de Hofgeismar.*
Kaci ben Mohamed, 1er zouaves, sergent, *Hpt de Hofgeismar.*
Kaddour ben Hamet, 1er zouaves, *Hpt. de Hofgeismar.*
Kohler, Joseph, 3e zouaves, *Francfort-sur-le-Mein.*
Klein, Henri, Haten (Bas-Rhin), 18e ligne, 1er b., 3e c., *A l'université Wolff, Heidelberg.*
Kilaly, Oran, 2e turcos, éraflure au front, *Reiss II, Heidelberg.*
Klein, Daniel, Schleithol, Lauterberg, 8e cuirassiers. 2e esc., *St-George, Augsbourg.*
Kellerer, E. Schlettstadt, 10e ligne, *Hpt de rés. à Schwetzingen.*
Knobel, Edouard, Mulhouse, 57e ligne, 6e c , serg nt, rhumatisme. *Hpt. de rés. I à Leipzig.*
Krier, Eugène, Landerneau, 36e c., colonel. *St-Hedwig, Berlin.*
Kriesemer, N., Haguenau, 9e ligne, *Hpt. de rés à Schwetzingen.*
Kervadec, Louis, Auray (Morbihan), 10 ligne, 1er b., 5e c.. conp de feu à la jambe gauche, *Spire.*
Kervella, Jean, Legona (Finis ère), 12e ligne, 1er b., 6e c , coup de feu dan l'épaule droite. *Spire.*
Killot, Pierre, Amoury, 99e ligne. *Infirmerie de Carlsruhe.*
Krasson, Alexandre, 74e ligne coup de feu à la jambe droite, *Baraque II, Berlin.*
Kersody, Jean, Audiern, 5e chass. coup de feu à la cuisse droite. *Hpt. de rés. à Schwetzingen.*
Kusell, Charles, 24e ligne, 6e c., coup de grenade au pied droit, *Hpt. de rés. I à Cassel.*
Keller, Emile, 40e ligne, *Baraque II, Berlin.*
Konn, Jules, Beaumont, 94e ligne, gravement blessé, *Hpt. de l'École forestière à Nancy,* † le 5 Sept.
Kervaton, Joseph, Kernevel, 4e ligne, *Hpt de l'École forestière à Nancy.*
Kraft, Charles, Sarreguemines, 1er zouaves, 2e b., 4e c., fracture de la cuisse, *Baraque VI à Mann-*
    heim.
Klein, Gustave, Phalsbourg, 67e ligne, blessé à Metz. *Hpt. de rés. à Schwetzingen.*
Koenig, Jean, 1er zouaves, 3e b., 2e c., *Hpt. de rés. à Brieg.*
Kerichel, Ives-Marie, Oudinet, 6e cha s., à pied, 3e c., *Hpt. II à Leipzig.*
Kretil ben Mohamed, 3e turcos. sous-lieutenant, *Bischwiller.*
Kempf, Charles-Phil., Eberhaus, 16e chass. à pied, 8e c., *Hpt militaire à Spandau.*

Loche, 63e ligne, 1re c. *Hôpit. militaire, Berlin.*
Lucas, Edouard, 8e ligne, 1re c. *Hôp militaire, Berlin.*
Lebally. 8e ligne, 6e c. *Hôpit. militaire, Berlin.*
Lafumey, Pierre, 2e zouaves, 3 b., 1re c., caporal *Hpt Hildburghausen.*
Leonhard, Marie-Pierre, Daville, 9e cuirass., 4e esc., ruade de chev. *Hpt de rés., Hanau.*
Lentan, Guillaume, Plaistein, 2e ligne 1er b., 6e c., coup de feu côté gauche. *Hôp. de rés., Giessen.*
Lauber, Antoine, Niederbrück, 2e ligne, 3e b., 5e c., coup de feu au coude. *Hôp. de rés. Giessen.*
Ladde, Isidor, Loddin, 77e ligne, 1re c., coup de feu à la cuisse gauche. *Hpt de rés., Weilbach.*
Loran, Nicolas, ou **Laurent**, Iguy, 4e artill. *Hôpital Charlottenbourg.*
Lefévre, Pierre, à la Trinité sur Eu, 1er zouaves, *Hôpital Charlottenbourg.*

Loubet, Pierre, Sartrou, 36e ligne, sous-oflicier. *Hôpital Charlottenbourg.*
Lardeu, Jules, 2e zouaves. *Spandau.*
Lebailly, Louis, 8e ligne. *Spandau.*
Levillain, Aug., St-Jean de Cardennet, 24e ligne. *Hôpital Charlottenbourg.*
Landois, Jules, Bar-sur-Aube, 8e ligne, *Hôpital Charlottenbourg.*
Londri, Antoine, 74e ligne, 1e c. *Berlin.*
Legargasson, Jean-Math., de la garn de Lyon, 17e ligne, 3e b., 3e c. *Place forte Marienberg.*
Larreige, Jean, 17e ligne, 3e b., 5e c. *Place forte Marienberg.*
Lubin, Auguste, 17e ligne, 2e b., 5e c. *Place forte Marienberg.*
Lafont, Antoine, 17e ligne, 2e b., 2e c. *Place forte Marienberg.*
Lemoine, Edouard, Besançon, 73e ligne, 3e b., 2e c. *Place forte Marienberg.*
Lévy, Moïse, Strasbourg, 96e ligne, 1er b., 2e c. *Place forte Marienberg.*
Louget, J., Marseille, 99e ligne, 1er b., 6e c. *Place forte Marienberg.*
Lascher, Laurent. Alger, 1er zouaves, 2e b., 1re c. *Place forte Marienberg.*
Lagerbe, Jules, de St-Affrique (Aveyron), 99e ligne, bras gauche. *Place forte Marienberg.*
Lavaquerey, J.-B , Bothancourt (Somme), 74e ligne, bras gauche. *Place forte Marienberg.*
Longea, Gustave, Le Hâvre, 78e ligne, genou droit. *Place forte Marienberg.*
Leurs, Th.-P., d'Ypres (Belgique) 39e ligne, cuisse droite. *Place forte Marienberg.*
Ledoin. Bernard, de Benet (Vendée), 21e ligne, bras droit. *Place forte Marienberg.*
Libuez, 50e ligne *Hpt. Cassel.*
Loger, François, 74e ligne. *Hpt. Hofgeismar.*
Langeaux, François, 74e ligne, capitaine. *Hpt. Hofgeismar.*
Lochu, Henri, 74e ligne, *Hpt. Hofgeismar.*
Lantheaume, Louis, 74e ligne. *Hpt. Hofgeismar.*
Lebre, Emile, Joyeuse, 17e chass. à pied. *St-Hedwig, Berlin.*
Laveau, Vinc., 48e ligne. *St-Hedwig, Berlin.*
Langlet, François, 78e ligne. *St-Hedwig, Berlin.*
Launay, Angers (Maine-et-Loire), 78e ligne, officier. *Hpt. St-Hedwig, Berlin.*
Larby-ben-Mahomed, Alger, 1er turcos, sergent. *Hpt. Hofgeismar.*
Lochon, Henry, 74e ligne. *Hpt. Hofgeismar.*
Lienard, 74e ligne. *Hpt. Cassel.*
Lecrèque, Edouard, 74e ligne. *Hpt. Cassel.*
Lefèbre, 74e ligne. *Hpt. Cassel.*
Landri, 74e ligne. *Hpt. Cassel.*
Lefranc, 74e ligne. *Hpt. Cassel.*
Louis, Albert, 13e chass. à pied, lieut. *Hpt. Cassel.*
Lovrain ou Lorrain, Christ., 13e chass. à pied. *Hpt. Cassel.*
Lemaberes, 2e turcos. *Hpt. Cassel.*
Lajoher, Antoine, 13e chass. à pied, 3e c. *Cassel.*
Lady-Mohamed, Alger, 1er turcos. *Baraque Moos, Heidelberg.*
Locomme, Alfred, Cambray, 26e ligne, 3e b., 5e c. caporal-fourrier. *Clinique pour les yeux de M. Röder, Heidelberg.*
Letalée, Pierre, Carchaix (Finistère), 28e ligne, 6e c. *Clinique pour les yeux de M Becker, Heidelberg.*
Larby, Bodelmi, Oran, 2e turcos, 3e b., 3e c., sergent. *Reiss I, Heidelberg.*
Lutz, François, Pfalzbourg, 78e ligne, 1er b., 5e c., sergent-major. *Reiss I, Heidelberg.*
Landré Michel, Migne (Indre), 93e ligne, 1er b., 2 c. *Reiss I, Heidelberg.*
Lochla-ben-Schilaly, Oran 2e turcos, coup de feu à l'épaule gauche. *Reiss II, Heidelberg.*
Landrevon, Jos., Tulin (Isère) 84e ligne, 2e b., 8e c., coup de feu au dos. *Infirmerie de l'académie, station extérieure. Reiss II, Heidelberg.*
Louradour, Joseph, Durenne (Corrèze), 3e zouaves, 4e c., fracture du bras g. *Hpt. III, Heidelberg.*
Lecrips, Gust., Crepont (Eure), 47e ligne, 6e c., coup de feu aux joues et éraflure de l'épaule gauche. *Hpt III, Heidelberg.*
Lakdar-ben-Adia, Mostaganem, 2e turcos, 1er b., 6e c., coup de feu à la poitrine, éraflure à l'oreille droite. *Neustadt.*
Labat, Jean, Muyron, (Landes), 28e ligne, 4e b., 3e c. blessé, *Neustadt.*
Laseroux, Louis, 2e zouaves, lieutenant. *Wœrth (Bas-Rhin).* •

Lelonge, 2e turcos, capitaine. *Niederbronn.*

de la Lobe, 2e zouaves, sous-lieut. *Jägerthal*

Lépine, 1er turcos, capitaine. *Reichshoffen.*

de Labonne, 1er zouaves, lieutenant. *Niederbronn.*

Louis, 48e ligne, capitaine. *Niederbronn.*

Lagdar-ben-Lachi, 3e turcos, lieutenant. *Niederbronn.*

Lapointe, 47e ligne, capitaine. *Reichshoffen.*

Laffont, 47e ligne, capitaine, *Reichshoffen.*

Laurent, 99e ligne, sous-lieutenant. *Reichshoffen.*

Laprat, 96e ligne, lieutenant. *Reichshoffen.*

Lamotte, capitaine, *a été à Wœrth et évacué depuis.*

Lignières, 56e ligne, lieutenant. *Prisonnier (non blessé) on ne sait où ?*

Lafeuillade, 56e ligne, sous-lieutenant. *On ne sait où ?*

Lemaire, 56e ligne, sous-lieutenant. *On ne sait où ?*

Lanfranchi, 56e ligne, lieutenant. *On ne sait où ?*

Lavallée, Jules-Pierre, 10e ligne, coup de feu à la cuisse. *Neustadt, Mayence.*

Laherec, Julien, 10e ligne coup de feu à la jambe droite. *Neustadt, Mayence.*

Lasalle, E., Fia, 8e cuirass., 3e esc., coup de feu au bras gauche. *Darmstadt.*

Luciani, Corse, 3e ligne, coup de feu dans la bouche. *Baraques Worms.*

Lebrun, Eustache, Valenciennes, 3e zouaves, 2e c., amputation du bras gauche. *Bar. Worms.*

Lenoir, Auguste, Rouen, 8e ligne, 4e c., coup de feu dans l'épaule gauche. *Darmstadt.*

Lebret, Louis-Amand, Rouen, 2e ligne, 4e c., coup de feu au coude droit. *Darmstadt.*

Lecoanet, Louis, Genrey, 1er turcos, sergent, coup de feu au coude gauche. *Darmstadt.*

Labanière, Pierre Came ou Caen. 95e ligne 1er b., coup de feu au bras droit. *Darmstadt.*

Larralde, J.-B., Bayonne. 1er zouaves 3e c. coup de feu au nez. *Darmstadt.*

Lanné, Gustave, Laurior, 24e ligne, 6e c. *Clinique, Giessen.*

Lagenève, Michel, Molière. 2e ligne, 6e c. *Clinique Giessen.*

Lefranost François, Corlay, 63e ligne, 3e c. *Clinique, Giessen.*

Leon, Daniel, Vandherland, 40e ligne, 3e c. *Clinique Giessen.*

Lenton, Guillaume, Plaistain, 3e ligne, 6e c. *Salle gymnastique Giessen.*

Lauber, Antoine, Niederbruck, 2e ligne. 5e c *Salle gymnastique, Giessen.*

Lucas, Pierre, Oizone, 28e ligne, *Hop. de rés. à Schwetzingen.*

Litzelmann, J., Thannkirch, 75e ligne, coup de feu à la hanche droite, *Hop. de rés. de Schwetzingen.*

Lorfèbre, H., Roubaix, 67e ligne, coup de feu au crâne et au bras. *Hop. de rés. de Schwetzingen.*

Loury, Pierre, St-Auguste, 98e ligne, *Hopital de réserve de Schwetzingen.* † le 2 Septembre.

Latin, Jean Nicol l'Espais 12e ligne. *Hôpt. de rés, Schwetzingen.*

Lucas, Casimir-Gust. Lille, 2e zouaves 1er b., 4e c. *Maison des Garçons de Métier à Stuttgart.*

Loiseau. Etienne Indre, 48e ligne, 1er b., 2e c., sergent. *St-George, Augsbourg.*

Lefeire, George, Paris 2e zouaves, caporal. *St-Sébastien, Augsbourg.*

Lester, François, Roudaualler, 78e ligne. *St-Sébastien, Augsbourg.*

Lang, Jules, Bearne (Côte-d'Or), 18e ligne, *St-Sébastien, Augsbourg.*

Lagard, Jean, St Marcel, 98e ligne. *Hopital de réserve à Schwetzingen.*

Lorne, Bas., Estissac. 25e ligne, cuisse gauche. *Hôpit. de réserve à Schwetzingen.*

Lallée, Louis Limoges, 64e ligne, coup de feu au pied gauche, *Hop. de rés. à Schwetzingen.*

Lémoine Gust., Bonneville, 65e ligne, coup de feu à la cuisse gauche. *Hopital de réserve à Schwetzingen.*

Labbé, J., Quaranbois, 10e ligne. *Hopital de réserve, Schwetzingen.*

Lacoste, D., Doise, 67e ligne. *Hôpit. de réserve à Schwetzingen.*

Lelay, Ant., Quintain 33e ligne, sergent. *Hôpital de rés. Schwetzingen.*

Larnondie, Ant., Bourège 76e ligne, *Hpt. de rés. à Schwetzingen.*

Lesendof, Ad., Parigny. 15e ligne, *Hopit. de réserve à Schwetzingen.*

Lennejules, Jos Onges (Nord), 45e ligne *Hôpit. de réserve à Francfort-sur-le Mein.*

Levêque, Gustave, Epernay (Marne), 74e ligne, 5e c. *Hopital de Hofgeismar.* † le 31 Août.

Lafontaine, Jules, Regneville, 24e ligne, 5e c., sergent, coup de feu au pied gauche. *Hopital de réserve I, Leipzig.*

Luret, Adolphe, Oissel, 10e ligne, lieutenant *St-Hedwig, Berlin.*

de Launay, Eugène, Angers, 78e ligne *St-Hedwig, Berlin.*

Levet, J.-B., Bonévêque, 9e artill. coup de feu à la cuisse gauche. *Hopital de Mannheim.*

Lippmann Isidor, 76e ligne 3e c. *St-Annen à Lubeck.*

Lorteau, Pierre 2e garde 1e c *St-Annen à Lubeck.*

Lémann, Achille, 93e ligne, 5e c., *St-Annen à Lubeck.*

Lecoise, Joseph 1er cuirassiers de la garde, 3e esc., *St-Annen à Lubeck.*

Leroux, Pierre-Marie, 91e ligne, 4e c. *St-Annen à Lubeck*

Lachner, Auguste 76e ligne, 2e c. *Maison de travail à Altona, près Hambourg.*

Latapie, Bernard, 55e ligne 4e c. *Hopital de réserve, Lubeck.*

Lontin, Antoine 32e ligne, 1e c., tambour. *Hopital de réserve, Lubeck.*

Lecont, Jean, Lendusec, 62e ligne, *Hop. de rés. à Schwetzingen.*

Lebœuf, P., Lons-le-Saulnier, 62e ligne. *Hop. de rés à Schwetzingen.*

Lecardet, Th., Bertry, 2e voltigeurs. *Hop de rés. à Schwetzingen.*

Laurent, Martin, Salonne, 33e ligne. *Hop. de rés. à Schwetzingen.*

Langlais, L., Nomars, 16e ligne, *Hop. de rés. à Schwetzingen*

Lamy, Léopold, La Haye, 65e ligne. *Hop. de rés. à Schwetzingen.*

Lombard, Jean-Victor, 2e chass. à pied. *Hop. de rés. à Dessau.*

Lassaire, Jean Ortoige, 8e chass. à pied, adjudant, coup de feu à la cuisse gauche. *Hopital de Mannheim.*

Lair, Louis, Vigne (Meurthe), 26e ligne, coup de feu au jarret gauche. *Bamberg.*

Lagueny, Louis, Limoges, capitaine, 9e chass. à pied, 1re c.. coup de feu dans la poitrine et au cou, deux autres blessures. *Spire.*

Leblay, Jean, Manoir (Ille et Vilaine), 12e ligne 3e b., 6e c , coup de feu à la cuisse droite. *Spire.*

Lalaurette Basile, Bonnagare (Landes), 25e ligne ., 3e b., 3e c. coup de feu dans la main, pied gauche. *Spire.*

Laffargue, Jean Gazopouil (Gers), 28e ligne, 3e b., 4e c., coup de feu à la tête. *Spire.*

Laire, Louis, Vicque (Meurthe), 2e ligne, 2e b., 6e c., sergent, coup de feu à la jambe gauche. *Spire.*

Laurent, Henry Chaume (Cher), 11e dragons, 4e esc., coup de feu au pied droit. *Spire.*

Lavalette, Jean, Montauben, 10e ligne, 3e b., 3e c., sergent-fourrier, deux coups de feu au pied. *Spire.*

Lelaire, Réné, Venouelle (Côtes-Ju-Nord), 93e ligne, 2e b., 4e c., coup de feu à la cuisse droite. *Spire*

Leconte, Alphonse, Paris, 8e artillerie, 8e b., coup de feu à la hanche, *Spire.*

Lein ben Abdallah, Oran, 2e ligne, *Infirmerie de la ville de Carlsruhe.*

Lesauvage, 15e chass. blessures graves. *Hpt de Pange.*

Lard ben Enny, Orléansville, 1er turcos, 3e b., 2e c., coup de feu à la jambe, *Couvent des Dominicains, Dusseldorf.*

Laverdure, Louis, Paris, 45e ligne 2e b., 5e c., coup de feu à la cuisse gauche, *Couvent des Dominicains, Dusseldorf.*

Loubet, Pierre, 36e lig..e, caporal, coup de feu au bras gauche. *Baraque II, Berlin*

Luton, Jean, 10e chass. à pied, coup de feu à la jambe droite, *Bar. II, Berlin.*

Louvell, Louis, 93e ligne, coup de feu au bras gauche. *Bar. II, Berlin.*

Lacho, Antoine, 64e ligne, coup de feu à la cuisse gauche. *Bar. II, Berlin.*

Lairs, Jean, 1er ligne, coup de feu à la cuisse gauche. *Bar. II, Berlin.*

Lunzin ben Skeru, 3e turcos, coup de feu à la hanche droite. *Bar. II, Berlin.*

Lucy, Jean-Bapt., 3e zouaves, 3e b., 6e c , *Bar. III, Berlin*

Levet, Jean-Bapt., 9e artill , 9e bat., *Bar. III, Berlin.*

Laget, Auguste, 77e ligne, coup de fen au bras gauche, *Bar. I, Berlin.*

Loutour, Pierre, 47e ligne, coup de feu à la tête, *Bar. I, Berlin.*

Larde, Etienne, 7e chass. à pied, coup de feu à la main gauche. *Bar. I, Berlin*

Lemonceau, Remin, 47e ligne,, 6e c., *Hpt. mil. à Berlin.*

Lionard, Pierre-Marie, Doville, 9e cuirassiers, 3e esc , contusion. *Château de Hanau.*

Labat Jean, Nerbis, 28e ligne, 4e b. *Neustadt.*

Leblai, Jean-Marie, Lemonaire (Ille-et-Vilaine) 12 eligne, coup de feu à la cuisse droite. *Bamberg.*

Laix, Louis, Vignes, 26e ligne, coup de feu au genou gauche. *On ne sait où?*

Letourne ou **Letœuvre**, Louis Brillon, 45e ligne, coup de feu au pied gauche. *On ne sait où.*

Laffargue, Jean, Gazapouille, 28e ligne, blessure à la tête. *On ne sait où*

Lignières, 56e ligne, lieutenant, *prisonnier on ne sait où.*

Lafeuillade, 56e ligne, sous-lieutenant. *On ne sait où.*

Lemaire, 56e ligne, sous-lieutenant, *On ne sait où.*

La Tour du Pin, Walbourg, 56e ligne, capitaine. *On ne sait où.*

Lemarois, Henri, Caen, 8e ligne, coup de feu à la cuisse gauche. *Caserne du génie à Darmstadt.*

Limet, Alphonse, Valence, 84e ligne, 2e c. *Giessen.*

Lacoste Antoine, Sournia, 2· ligne. † *Darmstadt.*

Landreau, Benjamin, Charonne, 77e ligne.

Lapage, Joseph, 50e ligne, caporal, *Hop. de rés à Braunschweig.*

Le Marec, Charles, 48e ligne. *Hop. de rés. de Braunschweig.*

Large, Belutin, 58e ligne, *Hop. de rés. de Braunschweig.*

Lannoue, Isidore, 17e ligne. *Hop de rés. à Braunschweig.*

Lonalt, Joseph, 17e ligne. *Hop. de rés. à Braunschweig.*

Lebré, Jean, 20e ligne, *Hop. de rés. à Braunschweig.*

Lucy, Baptiste, 3e zouaves, 6e c.. coup de feu à la cuisse gauche. *Hop. de rés. I, Cassel.*

Lacaze, Julien, 5e chass. à pied, 5e c., coup de feu au mollet droit. *Hop. de rés. I, Cassel.*

Legnevel, François, 1er ligne, 3e c., coup de feu au mollet gauche. *Hop. de rés. I, Cassel.*

Lava, Emile, 78e ligne, 5e c., coup de feu à la cuisse droite. *Hop. de rés. I Cassel.*

Levet, Jean-Baptiste, 9e artill., coup de feu à la cuisse gauche. *Hop. de rés. I, à Cassel.*

Longon, Barthelemy, 6e lanciers, 3e esc., coup de feu au genou. *Hop. de rés. I, à Cassel.*

Lasard, Berlon, 66e ligne, coup de feu au genou droit. *Baraque II Berlin.*

Larson, Honoré, Invert ou Indret, 24e ligne. *Hôpital, Charlottenbourg.*

Loubet, Pierre, 36e ligne. *Baraque II, Berlin.*

Luton jeune, 10e chass. à pied. *Baraque II, Berlin.*

Lutz, François, 78e ligne, 5e c., sergent-major, coup de feu à la cuisse gauche. *Baraque III Berlin.*

Levet, Baptiste, Vienne, 9e artil., 9e batt., coup de feu au côté. *Berlin.*

Langy, Claude, Santenay, 13e ligne, sergent. *Hôpit. de la gare. Carlsruhe.*

Landré, 78e ligne. *Baraque II, Berlin.*

Labalette, Adolphe, 24e ligne, lieutenant. *Baraque II, Berlin.*

Leclerc, Louis-François, 67e ligne, 3e b., 2e c., coup de feu à la cuisse droite. *Hôpital de réserve III, Leipzig.*

Lauclaire, Auguste, Cagny, 70e ligne, 1re c., 6e c. coup de feu aux cuisses. *Hôpital de réserve III, Leipzig.*

Le Duc, Roland, Lannion, 70e ligne, 1er b, 3e c., coup de feu à la cuisse droite. *Hopital de rés. III Leipzig.*

Le Naviot, Hippolyte, Landol, 48e ligne, 1re c. *Hôpit. n° 5 Mannheim.*

Lourel, Louis, 95e ligne. *Baraque II Berlin.*

Levant, Emile, 78e ligne. *Baraque II Berlin.*

Lurozine ben Kerson, 3e turcos. *Baraque II, Berlin.*

Lieuran, Jean, 2e zouaves, caporal. *Baraque II, Berlin.*

Lacho, Antoine, 64e ligne. *Baraque II Berlin.*

Lerompt, Léon, Nonancourt 94e ligne, gravement blessé. *Ste-Marie, aux Chênes.*

Lemerrière, P, St-Chado, 1er artil. gravement blessé. *Ste-Marie, aux Chênes.*

Loque, François, Mourdeilles, 10e ligne. *Ste-Marie, aux Chênes.*

Lemaetis, Alfred, Cerevèraux, 57e ligne. *Ste-Marie, aux Chênes.*

Lefèvre, Emile, Paris, 2e zouaves, 4e c. *Hôpit. de rés. n° 1, Francf.-s/M.*

Lefèvre, Const.-Amable, Beaurépin, 2e zouaves. *Hôp. de rés. n° 1, Francf.-s/M.*

Limalher, François, Tharnc, 43e ligne, 4e c. *Hôpit. de rés. n° 1, Francf.-s/M.*

Lanfranchi, J.-A., Gittera, 65e ligne, 2e c., sergent-fourrier. *Hôpit. de rés. n° 1, Francf.-s/M.*

Lausine ben Gehiron, Constantine, 3e turcos, 2e c. *Hôpit. de rés. n° 1, Francf.-s/M.*

Longuet, Ernest, Montalaire, 4e ligne, 4e c. *Hôpit. de rés. n° 1, Francf. s/M.*

Lespine, Jean, Sillemeure 28e ligne, 6e c. *Hopit. de rés. n° 1, Francf.-s/M.*

Leblond, Jean-Baptiste, Mesnil, 47e ligne, 1re c., sergent. *Hôpit. de rés. n° 1, Francf.-s/M.*

Lasert, Jean Mauliere, 98e ligne, 2e c. *Hôpit. de réserve n° 1, Francf-s M.*

Labastide Dieudonné, Limone, 10e ligne, 3e c. *Hôpit. de rés. n° 1, Francf.-s/M.*

Lachaud, Antoine, Parard, 64e ligne, 4e c. *Hôpit. de rés. n° 1, Francf.-s/M.*

Lefebre, Arthène, Neufchâtel, 67e ligne, 5e c. *Hôpit. de rés. n° 1, Francf.-s/M.*

Lucchiné, J.-J., Gumkete, 3e chass. à pied. *Hôpit. de rés. n° 1, Francf.-s/M.*

Leloureque, Josef, Lamarine, 98e ligne, 6e c. *Hôpit. de rés. n° 1 Francf.-s/M.*

Lelande, Jean-Charles, St-Germain, 54e ligne, 5e c. *Hôpit. de rés. n° 1, Francf.-s M.*

Latapie, Jean, Benac-Haut, 50e ligne, 1er b., 6e c., coup de feu à la poit. et au genou. *Baraque VI, Mannheim.*

Lachet, Lucien, Caylus, 3e zouaves. *Carlsruhe.*

Largnier, Adolphe, St-Privat, 3e ligne. *Carlsruhe.*

Laurent, Ch.-F., Remiremont, 3e zouaves. *Carlsruhe.*

Lemaire, Eugène, Amiens, 21e ligne. *Carlsruhe.*

Lebouder, Lannion, 50e ligne, 1er b., 6e c., sergent. *Seilerbahn.*

Le Navias, Hippolyte, Landol, 48e ligne, 1re c. *Seilerbahn.*

Léras, Jean, Cruds, 18e ligne, sergent. *Seilerbahn.*

Lazaire, Jean, Ortoige, 8e chasseurs à pied, adjudant, coup de feu à la cuisse gauche. *Oberdorfisches-Haus.*

Latas, Jean, Nidel-l'Espr., 12e ligne. *Hôpital de réserve, Schwetzingen.*

Le Flot, Banalege, 70e ligne. *Hôpital de réserve, Schwetzingen.*

Lecor, Jean, Lauditu, 62e ligne. *Hôpital de réserve, Schwetzingen.*

Larran, Pierre, Nizan, 50e ligne, 3e b., 2e c. *Bar. VI, Mannheim.*

Libcut, Dijon, 74e ligne, 1er b., 5e c. *Bar. VI, Mannheim.*

Lagarde, Jean, St-Marrel, 98e ligne, caporal. *Bar. VI, Mannheim.*

Le Mercier, Ch., Iselle, 73e ligne, sergent, blessé à Metz. *Hôpital de réserve, Schwetzingen* † le 10 Septembre.

Letendorf, Parigny, 15e ligne. *Hopital de réserve, Schwetzingen.*

Lassaire, Jean, Ortoige, 8e chasseurs à pied, adjudant, coup de feu à la cuisse gauche. *Hôpital IV. Oberdorfisches-Haus.*

Le Navios, Hippolyte, Lemdal, 48e ligne, 1re c. *Hop. V, Seilerbahn.*

Lambert, Eugène, 19e ligne, 3e b., 1re c., fracture à la cuisse gauche et coup de feu au bras droit. *Baraque VII. Colligny.*

Laissas, Noël, 46e ligne. *Halle-s S.*

Leray, Pierre, 91e ligne, 1re c. *Halle-s/S.*

Lamorier, Jean, Mariques, 12e inf. de marine. *Halle-s/S.*

Labonne, Jean, 2e ligne, 2e b., 2e c. *Hôpit. de réserve, Brieg.*

Lemaire, Elie Jos , 9e artill monté, 10e batt., maréchal-des-logis-fourrier. *Hôpit de réserve, Brieg.*

Lemaître, Henri, 9e artil. mont., 12e batt. *Hôpit. de réserve, Brieg.*

Looten, Pierre-Auguste, 12e artil. monté, maréchal-des-logis. *Hopit. de réserve, Brieg.*

Legros, Prosper, 58e ligne, 3e b., 6e c. *Hôpit. de réserve, Brieg.*

Lasalle, Jean-Baptiste, 58e ligne, 3e b , 6e c. *Hôpit. de réserve, Brieg.*

Lissegnen, Laurent, 2e artil. monté. *Hôpit. de réserve, Brieg.*

Langlais, Louis-Constant, Mamers, 10e ligne, blessé à Metz. *Hopit. de réserve Schwetzingen.*

Lepaumier, Emmanuel, 14e ligne, 2e b., 6e c. *Hôpit. de réserve, Brieg.* Sorti.

Lombard, Pierre, 19e artil. monté. *Hopt. de réserve Brieg.* Sorti.

Loizon, Math., 3e inf. de marine. *Hopt. de réserve Brieg.*

Lamouraux, Jacques, 3e inf. de marine. *Hopt de réserve Brieg.*

Levallois, Léon, 19e artil. monté. *Hopt. de réserve Brieg.*

Laîné, Louis, 3e inf. de marine, 2e b., 2e c. *Hopt. de réserve Brieg.*

Lecomte, Adolphe, 54e inf. de marine, 4e b , 6e c. *Hopital de réserve, Brieg.*

Ladet, Jacques, 62e ligne, 4e b., 2e c. *Hopital de réserve, Brieg.* Sorti.

Lassay, Alexandre, 79e ligne, 1re b., 1er c. *Hopital de réserve, Schwetzingen.* **Sorti.**

Loret, Jean, 79e ligne, 1er b., 1re c. *Hopit. de réserve, Schwetzingen.*

Licos, Philippe, d'Arbes, 3e zouaves, 3e b., capitaine. *Hôpit. de rés. Francfort-sur-Mein.*

Luce, Alfred, Quarantions, 50e ligne, 6e c. *Hop. de rés., Francfort-sur-le-Mein.*

Libran, Louis, 3e dragons, 5e c., capitaine. *Hopit., Hôtel St-Gorze.*

Lallu, Antoine-Valentin, 74e ligne, 1er b., amputation de l'index, main g. *Wissembourg.*

Lumeau, Henri, Monsicreyne, 50e ligne, 1re c., coup de feu à la cuisse. *Wissembourg.*

Lalier, Jacques, Chambeugle (Yonne), coup de feu au genou. *Wissembourg.*

Levallois, Léon, 19e artil. monté. *Brieg.*

Lagache, Louis-Gustave, 1er turcos, 2e b., 5e c., sergent-major. *Brieg.*

Leroux, François-Marie, Guerlesque, 58e ligne, 4e c., cap.. *Spandau.*

Lechine, François, Hequedec, 88e ligne, 1re c. *Spandau.*

Loubes, Louis, Vaingros, 17e chass. à pied., 3e c. *Spandau.*

Labas, Ihros, Pexai, 58e ligne, 2e c. *Spandau.*

Lefrançois, Jean, 21e ligne, 1er b. *Spandau.*

Lorraine, Marie-Em., Orléans, 16e chass. à pied, 3e c., sergent. *Spandau.*

Leverrier, Joseph, 20e ligne. *Spandau.*

Licard, Victor, Breuille, 75e ligne. *Ambulance 7, Pont-à-Mousson.*

Lambert, Jules-A., 14e ligne, sous-lieutenant, coup de feu au côté droit. *Wiesbaden.*

Lamaque, 3e zouaves, cap. *Bischwiller.*

Lachenal, Albert, 1er zouaves, sergent. *Bischwiller.*

Lacoste, Pierre, 80e ligne. *Bischwiller.*

Lafon, 3e zouaves, lieutenant. *Bischwiller.*

Lectere, 17e chass. à pied. *Bischwiller.*

Lefèvre, 3e turcos, sergent-major. *Bischwiller.*

Lerphainon (De), Henri, 3e zouaves, caporal. *Bischwiller.*

Lejeune, François (Finistère), 74e ligne, 3e b., 2e c. *Cassel.*

Lefer, Aimable, 74e ligne. *Berlin.*

Lavue Jean, Villandreuse, 83e ligne, 3e c. *Hop. de rés. II, Leipzig.*

Le Bellec, Jean-François, Ploërmel, 34e ligne, 1re c. *Hopital de réserve II, Leipzig.*

Lamour, Mathurin, Solignac, 68e ligne, 7e c. *Hopital de réserve II, Leipzig.*

Lefèvre, Joseph-Jean 90e ligne, 2e c., coup de feu à la cuisse gauche. *Hopital de réserve II, Leipzig*
    † le 12 Septembre.

Lucy, Denis, Montagnat, 73e ligne, 6e c. *Hopital de réserve, Francfort-sur-le-Mein.*

Lemaire, François-Marie, Blouard, 23e ligne, 5e c. *Hopital de réserve, Francfort-sur-le-Mein.*

Lemaire, Oscar, Oigné, 19e ligne, 4e c. *Hopital de réserve, Franc.-s/M.*

Laveder, Amédée, Louanec, 62e ligne, 6e c. *Hopital de réserve, Francf.-s/M.*

Le Nestorie, Jos.-Marie, Nedine, 10e ligne, 1re c. *Hopital de réserve, Francf.-s/M.*

Lesire, Epinette, Collenard, 5e cuirass., 1er esc. *Hopital de réserve, Leipzig.*

Lebasque, Alex., 14e artil., typhus. *Spandau.* † le 7 Octobre.

Lancelin, Delphin, 67e ligne, colique, *Torgau.* † le 6 Octobre.

Lavaron, Claude, Tuilerie (Allier), 83e ligne, typhus. *Glogau.* † le 7 Octobre. Les parents vivent
    encore à Tuilerie.

Lesage, Jean, 21e ligne, dyssenterie. *Mayence.* † le 6 Octobre.

Legentil, Léandre 1er inf. de marine, typhus. *Mayence.* † le 2 Octobre.

Lepine, Eugène, 94e ligne, 1re c., typhus. *Carlhausen.* † le 29 Septembre.

Lapierre, Lucien, Bretoncelles (Orne), 93e ligne, 3e b., 5e c , hémorragie. *Neisse.* † le 29 Septembre.

Larrieux, Ernest, 84e ligne. *Dansig.* † le 13 Septembre de blessures.

Lebreton, Léonard, 18e chass. à pied, diarrhée. *Stettin.* † le 23 Septembre.

Lebailly, Louis, 4e cuirass., 5e esc., fièvre. *Wittenberg.* † le 24 Septembre.

Lagrange, Louis, 3e grenad., 2e b., 5e c., coup de feu. *Neisse.* † le 18 Septembre.

Leroy, Jules, 73e ligne, blessé au bras. *Mayence.* † le 23 Septembre.

Lescout, Victor, Saint-Hilaire (Manche), 20e chasseurs à pied 5e c., blessé à la cuisse. *Mayence.* †
    le 23 Septembre.

Lavarde, Antoine, à Maillier s. Seine (Calvados), 1er inf. marine blessé au ventre. *Glogau.* † le 28,
    Septembre.

Lecoq, Louis, 43e ligne, 2e b., coup de feu à la poitrine. *Coblence* † le 27 Septembre.

Lefèvre, Albert, 94e ligne, dyssenterie. *Erfurt.* † le 4 Octobre.

Le Auernec, Pierre, 7e artil., typhus. *Minden.* † le 4 Octobre.

Lemercier, 2e ligne, 1re c., sergent. *Hopital militaire, à Berlin.*

Magnat, Pierre, Persoarre, 2e ligne, 5e c., coup de feu au genou. *Hopital de réserve, Weilbach.*
Munnich, Louis, 63e ligne, 4e c. *Hopital militaire à Berlin.*
Martini, 67e ligne, 5e b. *Hopital militaire à Berlin.*
Metrot, Ernest-Jean, 74e ligne, 6e b., caporal. *Hôp. mil., Berlin.*
Mahomed-ben-Berdet, 2e turcos, 4e c. *Hopital militaire à Berlin.*
Mourtié, 2e ligne, 6e c. *Hopital militaire, Berlin.*
Mathieu, Joseph, 40e ligne, 1re c. *Hopital militaire à Berlin.*
Moreau, Louis, 56e ligne, 1re c. *Hopital milit., Berlin.*
Monin, Jean-Baptiste, Puygros (Savoie). 74e ligne, 1er b., 4e c. *Cassel.* † le 14 Août.
Monéger, Baptiste, 47e ligne, 2e b., 1re c., caporal. *Hopital à Hildbourghausen.*
Mahomed bel Hadj, Alger, 1er turcos, 3e b., 4e c. *Cassel.* Guéri.
Moamar ben Carou, Alger, 1er turcos, 2e b., 6e c. *Cassel.*
Menvier, François, Luzulle, 86e ligne, 1er b., 2e c., exanthème léger. *Hopital de réserve à Giessen.*
Martinelle, Antoine, Rémusat, 24e ligne, 1er b., 4e c., deux éraflures *Hopit. de rés., Giessen.*
Michan, Jean, St-Etienne, 8e ligne, 3e b., 5e c., éraflure à l'épaule droite. *Hopital de rés., Giessen.*
Le Moigne, Pontcroit, 9e cuirass. *Hôpital Charlottenburg.*
Moreau, Baptiste, Mosnière, 85e ligne. *Hôpital Charlottenburg.*
Moreau, Jean, Annoire, 3e chass. à pied. *Hôpital Charlottenburg.*
Malfroy, Etienne, Chevillon, 2e drag. *Hôpital Charlottenburg.*
Mariot, Auguste, 74e ligne. 6e c. *Berlin.*
Mardurth, Jean, 50e ligne. *Berlin.*
Mahomed-ben-Salem, 1er turcos, 5e c. *Berlin.*
Marares Ben Zadock, 1er turcos, 1re c. *Hopital de rés., Cassel.*
Macadous, Mohamed, Mostaganem, 2e turcos. *Hopital de Charlottenburg.*
Monget, Jean, de la garn. de Strasbourg, 13e chass. à pied, 1re c., sergent. *Place forte Marienberg.*
Mathurin, René, Grenoble, 3e ligne, 2e b., 2e c. *Place forte Marienberg.*
Moyson, Auguste, Lyon, 17e ligne, 3e b., 5e c. *Place forte Marienberg.*
Maupoint René, Lyon, 17e ligne, 3e b., 5e c. *Place forte Marienberg.*
Mancion, Célestin, Chambéry, 47e ligne, 1er b., 3e c. *Place forte Marienberg.*
Micoux, Benoît, Chambéry, 47e ligne, 2e b., 5e c. *Place forte Marienberg.*
Magne, Antoine, Chambéry, 47e ligne, 1er b., 2e c. *Place forte Marienberg.*
Meth, Charles, Nimes, 56e ligne, 1er b., 1re c. *Place forte Marienberg.*
Magnet, Joseph, Lyon, 68e ligne, 3e b., 4e c. *Place forte Marienberg.*
Morel, Julien, Besançon, 73e ligne, 1er b., 1re c. *Place forte Marienberg.*
Masseiglier, Pierre, Strasbourg, 96e ligne, 1er b., 5e c. *Place forte Marienberg.*
Montergouze, Louis, Strasbourg, 96e ligne, 1er b., 6e c. *Pl. forte, Marienberg.*
Marchand, Jean, St-Omer, 1er chass., 2e c. *Pl. forte, Marienberg.*
St-Martin, Jean-Jules Marseille, 13e chass., 6e c. *Pl. forte, Marienberg.*
Monteillier, Baptiste, Alger, 1er zouaves, 2e b., 4e c. *Pl. forte, Marienberg.*
Morel, Jean-Louis, Oran, 2e zouaves, 2e c., 5e c. *Pl. forte, Marienberg.*
Mohamed ben Kaddour, Alger, 1er turcos, 1er b., 6e c. *Pl. forte, Marienberg.*
Mohammed ben Aid Alger, 1er turcos, 2e b., 6e c. *Pl. forte, Marienberg.*
Mohammed Said ou Ali, Constantine, 3e turcos, 1re b., 5e c. *Pl. forte Marienberg.*
Mayer, Charles, Belfort, 9e cuirass., 1er esc. *Pl. forte, Marienberg.*
Moratin, Philippe, garde mobile du Bas-Rhin, ordonnance d'un médecin. *Pl. forte, Marienberg.*
Mahomed, Afrique 2e turcos, blessé à la cuisse droite. *Où ?*
Mussapha ben Ari Afrique, 1er turcos, blessé au genou droit. *Où ?* 20 Août amputé.
Mahomed Said la Mara Afrique, 1er turcos, blessé au pied droit. *Où ?*
Med ben ab del Keder Afrique, 1er turcos, blessé au bras droit. *Où ?*
Mahomed Buchaled, Afrique, 1er turcos, bless. à la tête et cuisse gauche. *Où ?*
Monnier, Auguste, de Châteauneuf (Drôme), 48e ligne, bless. au pied gauche. *Où ?*
Mahomed bel Hadj, 1er ligne, 3e b, 4e c. *Hopital de réserve, Hofgeismar.*
Mahamed ben Medi, 1er turcos, 3e b., 3e c. *Hôpital de rés., Hofgeismar.*
Maamar ben Maamar, 1er turcos, 3e b., 6e c. *Hopital de rés., Hofgeismar.*
Mohamed bel Hadj, 1er turcos, 2e b., 6e c. *Hopital de rés., Hofgeismar.*
Mohamed ben Menan, 1er turcos, 2e b., 6e c. *Hop. de rés., Hofgeismar.*

Maréchal, Joseph, 9e artil., 12 batt., caporal. *Hop. de rés., Hofgeismar.*

Mahomed bel adj Fahar, 1er turcos, 3e b., 5e c. *Hop. de rés., Hofgeismar.*

Mahomed bel Leo, 1er turcos, 3e b., 5e c. *Hop. de rés., Hofgeismar.*

Mahomed ben Djilloul, 1er turcos, 2e b., 2e c. *Hop. de rés., Hofgeismar.*

Moamer ben Caronu, 1er turcos, 2e b., 6e c. *Hop. de rés., Hofgeismar.*

Mahomed ben Ama Chabli, 1er turcos, 2e b., 4e c., sous lieutenant. *Hop. de rés., Hofgeismar.*

Mahomed ben Adda, 1er turcos, 2e b., 4e c. *Hôpit. de rés., Hofgeismar.* 12 Octobre évacué à
Halle.

Mahomed bel Hadj, 1er turcos, 2e b., 2e c. *Hop. de rés., Hofgeismar.*

Mahomed ben Tahar, 1er turcos, 3e b., 2e c. *Hop. de rés., Hofgeismar.*

Mahomed Meketto 1er turcos, 3e b., 4e c. *Hop. Halle.*

Mahomed ben Couidor, 1er turcos, 3e b., 3e c. *Hop. de rés., Hofgeismar.*

Marse, Paul (Manche) 74e ligne, 3e b., 3e c. *Hop. de rés., Hofgeismar.*

Mahomed Bouzet, 1er turcos, 3e b., 3e c. *Hop. de rés., Hofgeismar.*

Mahomed ben Mulout, 1er turcos, 3e b., 3e c. *Hop. de rés., Hofgeismar.*

Maliedin ben Mahomed, 1er turcos, 4e b., 4e c. *Hop. Halle.*

Messonne bel Hadj, 1er turcos, 2e b., 3e c. *Hop. de rés., Hofgeismar.*

Mahomed ben Rabah, 1er turcos, 3e b., 6e c. *Hop. de rés., Hofgeismar.*

Mahomed ben Moussa, 1er turcos, 3e b., 4e c. *Hop. rés., Hofgeismar.*

Mahomed Bou Kalifa, 1er turcos, 2e b., 2e c. *Hop. de rés., Hofgeismar.*

Mahomed ou Said, 1er turcos, 2e b., 4e c. *Hop. de rés., Hofgeismar.*

Mahomed bel Hadj Selim, 1er turcos, 3e b., 4e c. *Hop. rés., Hofgeismar.*

Mahomed ben Alimeliani, 1er turcos, 2e b., 3e c., sergent. *Hop. rés., Hofgeismar.*

Mahomed ben Alese, 1er turcos, 3e b., 5e c. *Hop. de rés., Hofgeismar.*

Mahomed ben Said, turcos, coup de feu à la cuisse (balle non encore extraite). *Hopital de réserve,
Cassel.*

Mohamed Behemed, turcos, coup de feu à l'épaule. *Hopital de rés., Cassel.*

Mahomed bel Hadj, turcos, coup de feu à l'avant-bras droit. *Hopital de réserve, Cassel.*

Manon, Henri-Louis-Ernest, 36e ligne, capitaine. *Hopital de réserve, Cassel.*

Madere, 50e ligne, 8e c., coup de feu à la cuisse gauche. *Hopital de réserve, Cassel.*

Mariot, Auguste, 74e ligne, coup de feu au dos, *Hopital de rés., Cassel.*

Magnin, 50e ligne, coup de feu au pied gauche. *Hop. de rés., Cassel.*

Meresse, Jean-Baptiste, 9e artil., coup de feu à la cuisse gauche. *Hop. de rés., Cassel.*

Moamer ben Sadir, turcos, coup de feu à la main droite. *Hop. de rés., Cassel.*

Martin, Charles, cavalier de remonte, coup de feu au bras gauche. *Hop. de rés., Cassel.*

Muletier, Alphonse-Joseph, 3e zouaves, sous-lieutenant. coup de feu au cou. *Hop. de rés., Cassel.*

Meintz, George, 48e ligne, 4e c., sergent-major, coup de feu à la main. *Hop. de rés., Cassel.*

Madamours, Jean, 48e ligne, 3e c., caporal. coup de feu au bras droit. *Hop. de rés., Cassel.*

Mariette, Jean-Marie. Ajaccio, 13e chass. à pied sous-lieutenant. *St-Hedwig, Berlin.*

Menan ben Mamen, 1er ligne. 3e b., 5e c. *Hop. de rés., Hofgeismar.*

Mercier, Eugène, 9e Art., 12e bat., *Hôp. de rés. à Hofgeismar.*

Miloud ben Hani, 1er zouaves, 3e b., 6e c., caporal. *Hpt. de rés. Hofgeismar.*

Micholet, Baptiste, 1er zouaves, 3e b., 5e c., sergent-major. *Hop. de rés. à Hofgeismar.*

Michaud, Jean-Marie, 50 ligne, *Halle de l'économie rurale à Francfort-sur-le-Mein.*

Monégez, Baptiste. 46e ligne. 2e b. 1e c., caporal. *Hop. de rés. Hildbourghausen.*

Moni (La), Gilbert-Joseph, 56e ligne, 7e c., *Hop. de rés. à Hildbourghausen.*

Morel, Jules, Calvados, 74e ligne. lieutenant. *Hop. de rés. à Hofgeismar.*

Mutitje, turcos, éraflure au bras gauche. *Hop. de rés. à Cassel.*

Monieau, Paul, 36e ligne. *Hop. de rés. à Diez.*

Mouledon, Jean 36e ligne. *Hop. de rés. à Diez.*

Mohamed ben Andour, 2e turcos. *Hop. de rés. à Diez.*

Mohamed ben Amar, 3e turcos. *Hop. de rés. à Diez.*

Mustrpha ben Hadeuch, 2e turcos. *St-Hedwig, Berlin.*

Morillon, Frédéric, 2e zouaves, coup de feu au bras et à la poitrine. *Hopit. de rés. à Cassel.*

Moneglia, Pierre-Jean-Baptiste, 48e ligne, 3e c. *Hop. de rés. à Cassel.*

Marburs, Baptiste, 8e cuirassiers, 1er esc., coup de feu à l'oreille et à la jambe. *Hopital de réserve à
Cassel.*

Mittard, Armand, 36e ligne, 1e c., coup de feu à la hanche gauche. *Hop. de rés. à Cassel.*

Mahomed Bobili-Arum, 3e turcos, 1e c., coup de feu à la main droite. *Hop. de rés. à Cassel.*

Mabd-el-Kadour ben Sidoun, 3e turcos, 1e c., coup de feu au bras gauche. *Hopital de réserve à Cassel.*

Marty, Jean, 48e ligne, coup de feu à la jambe gauche. *Hop. de rés. à Cassel.*

Moscheures Temand 2e turcos, sous lieutenant, coup de feu au bras droit. *Hopital de réserve, Cassel.*

Mignon, Pierre, Rochefort, 96e ligne. *Clinique Rœder, a Heidelberg.*

Montelli, François, Limoges, 74e ligne. *Clinique Becker, Heidelberg.*

Monboisse, Antoine, Barlaut (Cantal), 13e chass. à pied, 4e b., 2 c. *Université de Heidelberg.*

Maier, Joseph, Benzesheim (Mulhouse), 15e ligne, 2e b., 3e c., éraflure à la tête avec perte de l'œil droit. *Reiss I, Heidelberg.*

Mahomed, Constantine, 3e turcos, 1e b., 5e c., coup de feu au visage, à la nuque et aux cuisses. *Heidelberg, évacué le 27 Août à Francfort-s/M.*

Mangina, Joseph, Boulou (Pyrénées Orientales), 3e ligne, 1er b., 5e c., coup de feu. *Heidelberg.*

Mahomed Ben Ahmed. Oran, 2e turcos, 3e b., 3 c., coup de feu à la cuisse droite. *Heidelberg, évacué le 10 Août à Rastatt.*

Mahomed, Oran, 2e turcos, coup de feu au bras gauche. *Reiss II, Heidelberg.*

Med Ben Jussuf, Constantine, 2e turcos, 1er b., coup de feu au bras droit. *Reiss II, Heidelberg.*

Mohamed Ben Chérif, Zaouia (Oran), 2e turcos, 3e c., coup de feu à la cuisse et à l'avant-bras gauche. *Reiss II, Heidelberg.*

Marinthe, Arthur-Jean-Baptiste, Rheims (Marne), 2e zouaves, coup de feu à la cuisse avec fracture de la jambe. *Casino catholique, Heidelberg.*

Maître (Le), Jean-François, La Motte (Côtes du Nord), 78e ligne, 3e batt., coup de feu au coude droit. *Casino catholique, Heidelberg.*

Moulin, Henri-Jean, Gacé (Orne), 78e ligne, 1er b., *Infirmerie de l'académie, station extérieure, Heidelberg.*

Mohamed ben Abed, Alger, turcos, *Infirmerie de l'académie, station extérieure, Heidelberg.*

Meneglier, 1er turcos, capitaine. *Niederbronn (Bas-Rhin).*

Moreau, J.-B.-Aug., 78e ligne, sous-lieutenant. *Niederbronn (Bas-Rhin).*

Moreau, 2e lanciers, lieutenant *Reichshoffen-Usine.*

Montignault, 3e turcos, capitaine. *Reichshoffen-Usine.*

Maillet, 3e zouaves, lieutenant *Reichshoffen-Usine.*

Ména, 56e ligne, colonel blessé. *Oberbetschdorf.*

Miton, 56e ligne. sous-lieutenant. *Oberbetschdorf.*

Monteil, Jean, Felletin, 75e ligne, 3e bat., coup de feu à la cuisse gauche. *Neustadt*, évacué à *Mayence.*

Milot, Nicolas, Vogeses, chasseurs, coup de feu à la cuisse droite *Neustadt.*

Moulin, Hippolyte, Larochefoucauld, 48e ligne, 3e c. *Darmstadt.*

Mohamed, ben Ali, Alger, 1er turcos, 4e c. coup de feu à la cuisse gauche. *Darmstadt.*

Moret, Théophile, Lignières, 10e chass. à pied, coup de feu au bras gauche. *Darmstadt.*

Masson, Antoine, Menancourt, 12e artill., coup de sabre à la tête. *Darmstadt.*

Mohamed ben Abed, Mistrali, 2e turcos, 5e c., coup de feu à la jambe. *Darmstadt.*

Martin, Louis, Ferminier, 36e ligne, 5e c., coup de feu à l'avant-bras gauche. *Darmstadt.*

Mespouillet, Auguste, Paris, 48e ligne, 3e c., coup de feu à l'épaule gauche. *Darmstadt.*

Morison, Pierre, Gissy ou Juvisy, 45e ligne, coup de feu à la jambe gauche. *Darmstadt.*

Miloud ben Habib, Oran, 2e turcos, coup de feu à la jambe droite. *Darmstadt.*

Montel, Claude, Contensource, 40e ligne, 5e c., coup de feu au bras. *Darmstadt.*

Maline, Joseph, Longschamps, 2e ligne, 5e c. *Giessen.*

Mendier, François, Luzille, 86e ligne, 2e c. *Giessen.*

Maitret, Réné, Brienne, 8e ligne, 5e c. *Giessen.*

Martinelli, Antoine, Rémusat, 24e ligne, 4e c. *Giessen.*

Michon, Jean, St-Etienne, 8e ligne, 5e c. *Giessen.*

Mattech, Louis, Lacevant, 13e ligne. *Hpt. de rés., Schwetzingen.*

Magdar ben Titsch, Alger, 1er turcos. *Hop. de rés., Schwetzingen.*

Mouton, Ph., Crignant, 82e ligne, coup de feu à l'omoplate. *Hop. de rés., Schwetzingen.*

Marchand, François, Apaisier, 50e ligne. *Hop. de rés. Schwetzingen.*

Michot, Charles, Lyon, 1er zouaves, 3e b., 1 c. *Hop. civil de Stuttgart.*

Mathieu, Albert, Chambéry, 47e ligne, 2e b., 5e c., lieutenant. *St-George à Augsbourg.*

Martinat, Alb., Rigous (Jura), 1er zouaves, 3e b., 1e c. *St-George, Augsbourg.*

Moreau, Math., Najé (Loire), 78e ligne, 1er b., 3e c. *St-George, Augsbourg.*

Marcelin, Pierre, Nîmes, 56e ligne. *St-George, Augsbourg.*

Mohammed Budchemar, Alger, 1er turcos. *St-Sébastien, Augsbourg.*

Mohamed Ben Kamer, Oran, 2e turcos. *St-Sébastien Ausgbourg.*

Mohamed, Bedeich, Alger, 2e turcos. *St--Sébastien? Augsbourg.*

Maingri, Pierre, St-Jory-Lasselouse (Dordogne), 5e zouaves. *St-Sébastien, Augsbourg.*

Milud, Micephur, Oran, 2e turcos. *St-Sébastien, Augsbourg.*

Martel, A., St-Maurice (Midi), 18e ligne. *St-Sébastien, Augsbourg.*

Monier, Pierre, Desraux, 78e ligne, coup de feu à la mâchoire supérieure. *Hpt. de rés., Schwetzingen.*

Micholin, Andelure, 33e ligne, coup de feu à la cuisse droite. *Hpt. de rés., Schwetzingen.*

Le Merrier, J.-B., Uzès, 73e ligne, sergent. *Hôpital de réserve, Schwetzingen.*

Mosse, Alb., Meulle, 9e chass., coup de feu au pied droit. *Hôpital de réserve, Schwetzingen.*

Mouton, Victor, St-Florentin, 9e ligne. *Hôpital de réserve, Schwetzingen.*

Mennery, Ang., Pfalzbourg, 67e ligne. *Hopit. de rés., Schwetzingen.*

Marienbourg, Jean, Melisant, 98e ligne. *Hopit. de rés., Schwetzingen.*

Masse, Ulysse, Eseclain, 43e ligne. *Hôpit. de rés., Schwetzingen.*

Moulin, Pierre, Loussanne, 73e ligne, 5e c., coup de feu à l'aine. *Hopital de réserve I à Leipzig.*

Mariage, Honoré, Vireux-Villerand, 20e chass. à pied, 3e c., coup de feu à la cuisse. *Hop. de rés. I à Leipzig.*

Morel, Jules, Tercéville, 99e ligne, *St-Hedwig, Berlin.*

Mohamed ben Ahmed, Orléans, 50e ligne, lieutenant. *St-Hedwig, Berlin.*

Mohamed, turcos, 2e b., 4e c., coup de feu à la poitrine droite. *Hpt. de Mannheim.*

Mahomed, turcos, 2e b., 2e c., coup de feu au bras droit. *Hpt. de Mannheim.*

Mahomed ben Melud, turcos, 2e b., 6e c., amputation du bras droit. *Hôpit. de Mannheim.*

Moschewios, 2e turcos, lieutenant. *Hopital de réserve à Cassel.*

Milliet, 3e ligne, lieutenant. *Hopital de réserve à Cassel.*

Milud Ben Hamida, Alger, turcos. *Hpt. de rés., Francf.-s/M.*

Morat, François, 93e ligne, 6e c. *Hop. de rés. St-Anne à Lubeck.*

Marcelin, Marc, 91e ligne, 5e c. *Hopital de réserve St-Anne à Lubeck.*

Meunier, Jean-Louis, 26e ligne, 3e c. *Hopital de réserve St-Anne à Lubeck.*

Marais, Julien, 94e ligne, 5e c. *Hopital de réserve St-Anne à Lubeck.*

Muller, Henri, 23e ligne, 2e c. *Hopital de réserve à St-Anne à Lubeck.*

Masgona, Paul, Paris, 50e ligne, lieutenant. *St-Hedwig, Berlin.*

Mallet, Henry, Avignon, 2e ligne, capitaine. *St-Hedwig, Berlin.*

Morell, Victor, 66e ligne, 2e c., tambour. *Hopital de réserve Lubeck.*

Muller, Félix, 32e ligne, 4e c., serg.-fourrier. *Hopital de réserve, Lubeck.*

Mugenot, V., Corbière, 80e ligne, *Hpt. de rés., Schwetzingen.*

Martin, A., Neuvillette, 26e ligne, tambour, *Hpt. de rés., Schwetzingen.*

Maury, Jos., Reims, 93e ligne. *Hôp. de rés., Schwetzingen.*

Maimbré, L., Tourouvre, 33e ligne. *Hop. de rés., Schwetzingen.*

Martinent, L., Viaizle, 66e ligne. *Hop. de rés., Schwetzingen.*

Mayet, Pierre, Bône, 12e ligne. *Hop. de rés., Schwetzingen.*

Mathelin, Louis, d'Ormont (Marne), turcos, caporal, coup de feu au dos. *Bamberg.*

Mathelin, Louis, Dormans (Meurthe), 9e chass. à pied, coup de feu dans les épaules. *Spire.*

Macé, René, Radenac (Morbihan), 91e ligne, 2e b., 5e c., coup de feu à la hanche et main d. *Spire.*

Moret, Louis, Rouegroit, 28e ligne, 2e b., 5e c., fracture de la clavicule gauche. *Spire.*

Meyer, Alexis, Gerviller (Bas-Rhin), 93e ligne, 3e b., 3e c., coup de feu à la cuisse gauche. *Spire.*

Meine, Désiré, la Ferté, 2e zouaves. *Infirmerie civile, Carlsruhe.*

Marty, Barthelémy, 67e ligne, 1er b., 3e c. *Hopital de réserve, Quedlinbourg.*

Marquet, Pierre, Massaque, 47e ligne, 2e b., 1re c., coup de feu à la cuisse. *Couv. des Dominicains, à Düsseldorf.*

Mohamet-ben-Lardy, Oran, 2e turcos, 1er b., 3e c., trois coups de feu aux cuisses. *Couvent des Dominicains, Dusseldorf*

Macon, Ernest, Paris, 45e ligne, 2e b., 5e c., coup de feu à l'épaule droite. *Dusseldorf.*
Mahomed-ben-Amart, Philippeville, 3e turcos. *Hopital milit. Spandau.*
Mustapha-ben-Halisch, Mascara, 3e turcos. *Hôpit. milit., Spandau.*
Marquarat, Ch., Schœnau, 2e ligne, 6e c. *Hopital Bingen.*
Moudon, Louis, Lavacherie, 65e ligne, lieutenant. *Hopital Carlsruhe.*
Meltivier, Jules, Viazon, 28e ligne. *Hopital milit. Carlsruhe.*
Malliard, François, 84e ligne, coup de feu à la hanche droite. *Baraque II, Berlin.*
Mahomed-ben-Osa, 1er turcos, coup de feu à la jambe gauche. *Baraque II, Berlin.*
Mohamed-ben-Serug, 2e turcos, coup de feu au pied droit. *Baraque II, Berlin.*
Mallavia, Pierre, 12e artill., 7e batt., coup de feu au bras droit et éraflure à la main *Baraque II, Berlin.*
Merlen, Jean, 3e chass. à pied, sergent, coup de feu à la cuisse gauche. *Baraque I., Berlin.*
Mohamed-ben-Cardot, 2e turcos, trois blessures à la cuisse gauche. *Baraque II, Berlin.*
Munsch, Joseph, 2e zouaves, coup de feu à l'avant-bras droit. *Baraque II, Berlin.*
Macé, Paul, 74e ligne, 3e b., 3e c. *Baraque III, Berlin.*
Mohamed-ben-Gærfi, 3e turcos, 1er b., 2e c. *Baraque III, Berlin.*
Mohamed-ben-Ani, 3e turcos, 3e b., 6e c., caporal. *Baraque III, Berlin.*
Michaut, Jean, 43e ligne, coup de feu à la hanche gauche et au bras. *Baraque I. Berlin.*
Marcaggi, Dominique, Corse, 2e zouaves, blessures à la cuisse gauche. *Convent des Franciscains, Dusseldorf.*
Mohamed-Willach, 1er turcos. *Berlin.*
Marsy, V., Paris, 33e ligne, 1re b., caporal, coup de feu au haut de la cuisse. *Hop. de rés. 3, Leipzig.*
Mathelin, Louis, Bormans, chass. à pied, caporal, coup de feu au dos. *Hopit. de rés. 3, Leipzig.*
Mertz, Léo, Mulhouse, 3e ligne, secrétaire, catarrhe. *Hop. de rés. 3, Leipzig.*
Metou, 56e ligne, sous-lieutenant. *Hopit. de rés. 3, Leipzig.*
Merlais, Pierre, 77e ligne, *Hôpit. de rés. 2, Braunschweig.*
Masurner, Alex., 20e ligne. *Hopit. de rés. 2, Braunschweig.*
Miller, Joseph, 8e artill. *Hopit. de rés. 2, Braunschweig.*
Merveille, Franç., Posser-André, 94e ligne, 4e b., 4e c., catarrhe. *Hopit. de bar., Giessen.*
Mader, Louis-Jean, Plougono, 58e ligne, 3e b., 6e c., typhus. *Hopit. de bar., Giessen.*
Mesnier, Pierre, Bedassides, 45e ligne. *Hopital milit., Giessen.*
Malet, Jean, Miles-les-Bains, 2e ligne. *Caserne des pionniers, Darmstadt.*
Monginot, Alex., Vollon, 2e ligne. *Où?*
Merrhandi, Achille, Prades-le-Mirau, 2e ligne. *Où?*
Mathieu, Coébit, Bois-les C., 94e ligne, 4e b., 4e c. *Hopit. de rés., Berlin.*
Mancle, François, 2e zouaves, 2e b., 1re c. *Hôpit. de rés., Berlin.*
Marand, Hermann, 77e ligne, 1er b., 1re c., sergent-major. *Hôp. mil., Cologne.*
Madre, Louis-J.-Marie, Plougonveille, 58e ligne, 3e b., 6e c., typhus *Baraque, Giessen.* †
Marx, Jacques, Brumat, 7e ligne. *Hopital de la gare, Carlsruhe.*
Moureau, Alphonse, Versailles, 13e ligne. *Hopital de la gare, Carlsruhe.*
Maury, Jean, Vigue-de-Saurée, 10e ligne. *Hopital de la gare, Carlsruhe.*
Magnat, Pierre, Germain, 2e ligne, 5e c. *Hpt. de rés. 1., Francfort-s/M.*
Martin, 47e ligne, 2e c. *Hpt. de rés., Francfort-s/M.*
Moreau, François, 93e ligne, 3e b., 6e c. *Hopital Lübeck.* † le 8 Sept.
Mehilad-ben-Ani, Alger, 1er turcos, 6e c., cap., coup de feu à la main. *Caserne d'Uhlans. Berlin.*
Maré, Paul, Reffuveille, 40e ou 74e ligne, 3e c., coup de feu à l'épaule droite. *Caserne d'Uhlans. Berlin.*
Malliard, François, 48e ligne. *Baraque II, Berlin.*
Mohamed-ben-Osa, 1er turcos. *Baraque II, Berlin.*
Mohamed-ben-Serug, 2e turcos. *Baraque II, Berlin.*
Mallaviai, Pierre, 12e artill. *Baraque II, Berlin.*
Miquel, Antoine, Aveyron, 36e ligne, blessure au mollet gauche. *Dusseldorf.*
Mochaux, Eug., 7e ligne, 5e c., coup de feu au pied droit. *Hpt. de rés., I, Cassel.*
Manquine, Joseph, 30e ligne, 5e c. coup de feu à la poitrine. *Hpt. de rés. I, Cassel.*
Martian, Adanas, 2e chass. à pied, 1re c., blessure à la main droite. *Hpt. de rés. I, Cassel.*
Mohamed-ben-Mabek, 1er turcos, 3e c., coup de feu, au bras droit. *Hpt. de rés I, Cassel.*
Merlen, Jean, 3e chass. à pied, sergent. *Bar. II. Berlin.*

Mohamed-ben-Ardel, 2e turcos. *Bar. II, Berlin.*

Michaller, Bapt., 1er turcos, sergent-fourrier. *Bar. II, Berlin.*

Marie, Jean, 47e ligne. *Bar. II, Berlin.*

Munsch, Joseph, 2e zouaves. *Bar. II Berlin.*

Marty, Victoire, Blerri-Belleville, 33e ligne, 1er b., 3e c , caporal. coup de feu à la cuisse droite. *Hop. III, Leipzig.*

Mardiau, Chapelle, 3e chass. d'Afrique, 5e c., coup de feu, au bras droit. *Hop. V, Mannheim.*

Margaillon, Monthau, 32e ligne, 3e c., coup de feu, à la cuisse. *Hóp. V, Mannheim.*

Mathieu, Henry, Etain, 1er turcos, chef de bat., coup de feu à la main gauche. *Hóp. V, Mannheim.*

Momill. Simon, Alger, 1er turcos, 4e c , coup de feu au pied. *Hop. de bar. II, Mannheim.*

Mouton, François, Toulouse, 3e zouaves coup de feu au bras. *Hop. de bar. II, Mannheim.*

Mahomed, 2e turcos, 2e c., coup de feu au bras droit. *Hop. de bar. II , Mannheim.*

Martin, Adolphe. Charleville, 26e ligne, gravement blessé. *Hop.. Nancy.*

Monquagare, Jos. Cléra, 63e ligne, 6e c., gravement blessé *Ste-Marie-aux-Chênes.*

Michel Jos , Unteralger, 28e ligne, gravement blessé. *Ste-Marie-aux-Chênes.*

Martin Jules, Rouen, 10e ligne, gravement blessé. *Hop., Nancy.*

Mohamed-ben-Cherif Oran, 2e turcos. 3e c. *Hop. de rés. n° 1, Francf.-s/M.*

Mohamed Constantine 2e turcos, 5e c. *Hop. de rés. n° 1, Francf.-s/M.*

Ménard, Félix Lingard 64e ligne, 2e c . caporal. *Hop. de ris n° 1, Francf.-s/M.*

Marie, Auguste, Ouffrières. 57e ligne, 4e c. *Hop. de rés. n° 1, Francf.-s/M.*

Metzger, Jacques. Mauthkirch, 100e ligne, 1re c. *Hop. de rés. n° 1, Francf.-s/M.*

Meunier. Charles-Louis Paris, 28e ligne, 3e c. *Hop. de rés. n° 1 Francf.-s/M.*

Monçeau François, Quin de droit lanciers de la garde, 2e esc *Hop. de rés. n° 1. Francf -s/M.*

Mallé Philippe, Busset-Cusset, 94e ligne, 1re c. caporal. *Hop. de rés. n° 1, Francf.-s/M.*

Mohamed-Besagou Constantine 3e turcos, 4e b *Hop. de rés. n° 1 Francf.-s/M.*

Mohamed-Bristrif, 3e turcos, 2e c. *Hop. de rés. n° 1, Francf.-s/M.*

Mathis. Eugène Brevomit, 57e ligne, 4e c., sergent. *Hop. de rés. n° 1, Francf.-s/M.*

Mosel, Jos.-Alfred. Saumane 96e ligne, 2e c. *Hop. de rés. n° 1, Francfort-s/M.*

Mautand, Louis, Pen-Barandou 64e ligne. 3e c. *Hop de rés. n° 1, Francf.-s/M.*

Mahomed-ben-Gamen Alger 1er turcos, 2e b., 1re c., coup de feu au ventre. *Baraque VI, Mannheim.*

Mahomed-ben-Jusef Alger. 1er turcos 3e b., 6e c. fracture de la cuisse. *Bar. VI, Mannheim.*

Massard Mathieu. Monistrol, 50e ligne, 3e b., 1re c. coup de feu à la tête. *Bar. VI, Mannheim.*

Mathieu Jean, St-Michel 93e ligne 1er b., coup de feu à la cuisse. *Bar. VI, Mannheim.*

Maze Michel. St-Légal. 48e ligne, 3e b., 2e c, fracture de la cuisse. *Bar. VI, Mannheim.*

Med-ben-Amor, Alger, 1er turcos, 2e b. 4e c. coup de feu à la poitrine. *Bar. VI, Mannheim.*

Marchand, François, Poitiers, 50e ligne, blessé à Metz. *Bar. VI, Mannheim.*

Merklé, Louis, Gestgastle, 57e ligne. *Hopital de réserve Schwetzingen.*

Masse, H , Esclainvillers. 42e ligne *Hopital de rés., Schwetzingen.*

Martin, L.-F., Mailreville. 33e ligne. *Hopital de rés., Schwetzingen.*

Mathieu. Auguste, 41e ligne 2e b. 5e c.. coup de feu à la poitrine. *Hop. n° VII, Coligny.*

Monnier, Edouard, Colmar, 12e ligne gravement blessé. *St-Marie aux Chênes.*

Marienburg, Jean Bilage, 98e ligne, blessé à Metz. *Hop. de rés. Schwetzingen.*

Mahomed 2e turcos, 2e b , coup de feu au bras droit. *Hop. VII, Mannheim.*

Monsigny. L. St-Omer, 65e ligne. 6e c. coup de feu au bras. *Hop VII, Mannheim.*

Malaiset, Sébastien, 19e ligne 2e b , 4e c fracture à la cuisse gauche. *Hop. VII , Colligny.*

Michel, Charles. 90e ligne 2e b., 1e c., sergent-major, coup de feu à la cuisse droite. *Hopital VII, Colligny.*

Martinot, Eugène 9e artill. monté, 10e batt.. *Hpt. de rés., Brieg.*

Mahomed-ben-Bouchlaits. Alger, 1er turcos, sous-lieut. *Hpt. de rés, Brieg.*

Moreau Ferd.-Alf, 15e artill. monté. *Hpt. de rés., Brieg.*

Miquelon L., 2e artill. monté *Hpt. de rés. Brieg.*

Matheudy, Louis, Loucereau, 13e ligne, sergent, blessé à Metz. *Hpt. de rés., Schwetzingen.*

Mercier, Etienne, 11e ligne, 2e b., 1re c. *Hpt. de rés , Brieg.*

Masson. Elisée, 3e inf. de marine, 1er b., 6e c. *Hpt. de rés., Brieg.*

Ménétrier, Alphonse, 3e inf. de marine, 1er b., 6e c. *Hpt. de rés., Brieg.*

Mori, Jean, 9e artill. monté. *Hpt. de rés., Brieg.*

Mazon, Auguste, 79e ligne, 1er b., 2e c. *Hpt. de rés., Brieg.*

Messierpoche, Marie-Aug., 2e inf. de marine. *Hpt. de rés., Brieg.*

Marchaud, Antoine 1er génie, 7e c. *Hpt. de rés., Brieg.*

Marichel Auguste, 19e artill. monté. *Hpt. de rés., Brieg.*

Mussière, Ferd., 19e artill. monté. *Hpt. de rés., Brieg.*

Metifiot, Henry, 19e artill. monté. *Hpt. de rés., Brieg.*

Mœches, Joseph, 3e esc. du train-artill *Hpt. de rés., Brieg.*

Marchadier, Chauvin, 9e artill. monté. *Hpt. de rés., Brieg.*

Martin, François, Baudelise, 50e ligne, 2e b. *Hpt. de rés. I, Francfort-s|M.*

Mahomed-ben-Mansour, Alger, 2e zouaves, *Wissembourg.*

Möckes, Joseph, 2e esc. du train d'artill. *Brieg.* Sorti.

Miquet, Jean, St-Vincent, 3e génie, 1er b. *Hopital militaire Spandau.*

Mathis, Théodore, Lamperloch, 8e artill., 1re batt., sergent, *Hopital militaire Spandau.*

Marc, Bastien, 8e artill., 1re batt. *Hopital militaire Spandau.*

Monet, François, 6e artill., 5e batt. *Hopital militaire, Spandau.*

Mariaval, E., 21e ligne, 1re c. *Hopital militaire, Spandau.*

Mirougnile, Jules, 68e ligne, 4e c., sergent. *Hopital militaire Spandau.*

Magenelle, Jean, 97e ligne, 2e c. *Hopital militaire, Spandau.*

Mourile, Henry, Hasfelden, 20e ligne, sergent, *Hopital militaire, Spandau.*

Mareille, Eug., Canton de Croux, 23e ligne, blessé à la cuisse droite. *Ambul. VII, Pont-à-Mousson.*

Marquet, George, Dauge (Viarmes) 73e ligne, blessé à la jambe. *Ambul. VII, Pont-à-Mousson.*

Moreau, Gustave, Laversine (Aisne), 2e zouaves. *Fabrique Reiss. Heidelberg.*

Mathieu, Jean, 47e ligne. *Bischwiller.*

Molle, 1er zouaves, *Bischwiller.*

Montbazet, Jean, 96e ligne. *Bischwiller.*

Marchat, Joseph, 47e ligne. *Bischwiller.*

Malessard, Ferdinand, 36e ligne, lieutenant. *Bischwiller.*

Murat, Pierre, 3e zouaves. *Bischwiller.*

Mamole-Mohamed, Constantine, 3e turcos, coup de feu au bras droit, *Hpt. II, Leipzig.*

Müller, Adolph, Crécourt, 91e ligne, 3e c., caporal. *Francf.-s/M.*

Moinelet, Charles, Paris, 3e zouaves, 1re c , caporal. *Francf.-s/M.*

Menegausse, Charles, Montebellan, 73e ligne, caporal. *Francf.-s/M.*

Morelause, Joseph, Commure, 74e ligne. *Francf.-s/M.*

Massad-ben-Soliman, 1er turcos. *Francf.-s/M.*

Mercier, Jean, Lavanez, 72e ligne, 5e c. *Leipzig.*

Marchand, Louis, Haguenau, 88e ligne, 2e c. *Leipzig.* † le 18 Sept.

Marc, Gustave, Boulogne, 64e ligne, 3e c. *Leipzig.*

Mallet, Henri, 1er hussards, typhus. *Stettin,* † le 8 Oct. (la mère née Chazal).

Mortier, François, 21e ligne, dyssent. *Mayence,* † le 5 Oct. *Hopt. milit.*

Metz, Jean-Bapt., 1er inf. de marine, typhus. *Mayence,* † le 4 Oct. *Hopt. milit.*

Martin, Emilie, Husseren (Haut-Rhin), 6e cuirass., brigad., typhus. *Posen,* † le 3 Oct., 19 ans. *Hop. de réserve.*

Marquet, Jean, 72e ligne, typhus. *Mayence,* † le 3 Oct. *Hop. militaire.*

Moser, 83e ligne, typhus. *Mayence,* † le 3 Oct. *Hop. militaire.*

Maury, Louis, 12e ligne, phthisie. *Stettin,* † le 13 Sept.

Massot, Pierre, 47e ligne, typhus. *Mayence,* † le 26 Sept. *Hop. militaire.*

Maret, Alexandre, 10e artill., diarrhée. *Mayence,* † le 28 Sept. *Hop. militaire.*

Morin, 52e ligne, 3e b., 2e c., phthisie. *Neisse,* † le 25 Sept.

Meller, Ernest, 1er ligne. *Danzig,* † le 15 Sept. de blessures.

Merle, Pierre, 83e ligne, dyssent. *Posen,* † le 27 Sept.

Marchand, Louis, 91e ligne, pet.-vérole. *Coblence,* † le 27 Sept.

Marian, Céras, 99e ligne, 5e c., dyssent. *Erfurt,* † le 27 Sept.

Margot, Nicolas, 2e inf. de marine, fièvres. *Cologne,* † le 24 Sept. *Hop. militaire.*

Marion, Jean, 7e artill., dyssent. *Deutz,* le 26 Sept. *Hopital.*

Métro, Jean, 82e ligne, 3e b., 2e c., typhus. *Erfurt,* † le 1er Oct.

Michel, Joseph, 10e artill., typhus. *Minden*, † le 23 Sept. *Hopital.*
Moies, Michel, 3e zouaves, typhus. *Minden*, † le 30 Sept. *Hopital.*

Neau, Henri, 13e chass. à pied. *Berlin.*
Niez, Victor, dernière garnison Nîmes, 56e ligne, sect. II. R. cordonnier. *Place forte Mari nberg.*
Nouon, Jean-Bapt., 9e artill., contusion. *Hôpit. de rés. à Cassel.*
Norl, 50e ligne, contusion à la poitrine. *Hôpital de réserve à Cassel.*
Nicolas, George, 13e chass. à pied. *Hôpit. de rés. à Cassel.*
Nicolas, Joseph, 50e ligne, 1er b., 6e c., lieutenant, *Hôpit. de rés.. Hofgeismar.*
Naudinat, Germain. Castelnaudary (Aude), 3e zouaves. *St-Hedwig, Berlin*
Noël, Jacques, Marseille, 3e zouaves. *St-Hedwig, Berlin.*
Nadler, Georges, Paris 2e turcos, *Clinique Becker à Heidelberg*
de Nieport, 2e turcos, capitaine. *Niederbronn.*
Nicot, François-Xavier, St-Germain-la-Montagne, 31e ligne, 5e c., sergent, coup de feu au bras gauche. *Darmstadt.*
Neveu, Pierre, Cargenard près Montmirail, 2e ligne, 3e c. caporal, coup de feu à la cuisse droite *Darmstadt.*
Noueb, Auguste, Corse, 47e ligne, 1e c., coup de feu à la poitrine. *Darmstadt*
Nougrillon, Jean, Toulouse, 67e ligne, sergent, coup de feu au nez et à l'œil droit *Darmstadt.*
Negue, Claude, Mâcon, 48e ligne, coup de feu à l'épaule droite. *Darmstadt.*
Normand, Charles, Constantine, 3e zouaves 3e b., 3e c. *St-George, Augsbourg.*
Noury, Théoph. Jos., Denonville, 25e ligne. *Hôpit. de rés. I. Leipzig.*
Niol, 13e chass. à pied, lieutenant. *Hôpital de rés. Cassel.*
Navinère, Joseph, 8e ligne, 2e c. *Hôpital de réserve Ste-Anne à Lubeck*
Le Nanio, Hipp., Landol (Morbihan), 48e ligne. *Hôpital de Mannheim.*
Noudain, Théophile, Férolles (Loiret) 47e ligne. *Hop. de Mannheim.*
Noël, Casimir, Douay (Nord), 70e ligne, 1er b., 6e c., coup de feu à la jambe gauche. *Spire.*
Nohingrin, Joseph, Beldeneveu (Morbihan), 10e ligne, 1er b., 6e c.. coup de feu au bras et à la jambe droite. *Spire.*
Nimpère, Joseph Signy-Mont-Libert (Ardennes) 8e artill. 8e bat., coup de feu à l'épaule. *Spire*
Nevau, Pierre. Courgenard 2e ligne, 3e b., 2e c., caporal. *Sœurs de la charité à Darmstadt.*
Naod, Auguste, 24e ligne. coup de feu au bras gauche *Bar.-II, Berlin.*
Niess, Jean, Nachoff. 57e ligne. 3e bat., clairon coup de feu au bras gauche. *Hôpital de réserve 3. Leipzig.*
Nemoy, Henri. St-Marcellin 73e ligne. *Hôpital de réserve, Schwetzingen.*
Nosate, Théophile Bédassèdes, 40e ligne. *Hpt. milit, où?*
Neurizier, Charles, 48e ligne. *Hpt. de rés. II, Braunschweig.*
Nicolas, Aimé, 3e ligne. *Bar. II, Berlin.*
Nave, Auguste 24e ligne. *Baraque II, Berlin.*
Naudin, Théoph., Férolles, 47e ligne. *Hôpital de réserve II., Mannheim.*
Nicolas, Henri, 20e artill. monté. *Hôpital de réserve Brieg.*
Nicolet, Louis-Franç., 6e artill. monté. *Hôpital de réserve, Brieg*
Norrey, Auguste, Alville, 2e zouaves, 1er b. *Hop. de rés. I. Francfort-sur-le-Mein.*
Nancenet, Alfred, St-Quentin, 8e artill., 4e bat. *Hpt. mil. de Spandau.*
Nègre, Antoine, Barthes 52e ligne, 4e c., clairon. *Leipzig.*
Nass, Séb.-Joseph Barville (Haut-Rhin), 12e section d'ouvriers d'administrat., bronchite *Posen.* † le 19 Septemb., sa mère Marie-Anne Nass.
Nau, Pierre, dyssenterie. *Deutz.* † le 27 Septembre à l'hôpital.
Noël, 56e ligne, *Bischwiller.*

Orrmann, 63e ligne. 2e c. *Hôp. mil., Berlin.*
Osmodieu, 13e chass. à pied, 6e c. *Hôp. milit., Berlin.*

Odon, Bayers (Charente), 36e ligne. *Hopital de Charlottenbourg.*

Ollimier, Ammon. Pougouloume, 76e ligne. *Hôp. de Charlottenburg.*

Ouradon, 56e ligne, capitaine. *Cassel.* Blessé.

Ostermann, Antoine 63e ligne, 4e c. *Giessen.*

Ostermann, J., Regsain. 12e ligne, coup de feu à la cuisse gauche *Hopital de réserve Schwetzingen*

Offred, Ferd., Lille, 1er zouaves, 3e b., 2e c. *St-George, Augsbourg.*

Ollier, Louis Vollefort, 4e ligne. *Hopt. de réserve, Schwetzingen.*

Otog, Jean-Baptiste, 67e ligne. *Hop. de rés., St-Annen, Lubeck.*

Oued de Cackon Achmed, turcos. *Infirmerie de l'Académie, station extérieure, Heidelberg.*

Orléache, Charles, Andernay, 59e ligne soldat. *Hop. de la gare, Carslruhe.*

Ouesnat, Adolphe St-Pierre 75e ligne, 3e c. gravement blessé. *Ste-Marie-aux-Chênes.*

Oger, Claude, Drochericu. 75e ligne. gravement blessé. *Hôp., à Nancy.*

Onegroise, Jean, Dunal, 28e ligne, 2e c. *Hop. de rés. I Francf.-s/M.*

Otlet, Alexandre, 41e ligne, 2e b., 5e c. *Baraque VII, Colligny.*

Orsibal, Etienne, 2e train d'art. *Hop. de rés., Brieg.*

Pelènorre, Claude, Vienne, 56e ligne, 1re c., fracture de la cuisse gauche. *Hopital de réserve Kirchheim.*

Perrier, 67e ligne. 5e b. *Hop. mil. Berlin.*

Poincelet, Eugène 2e turcos. 6e c. *Hop. mil. Berlin.*

Pouliguen, Yves, 4e ligne, 2e c. *Hop. milit., Berlin.*

Pezin, Romain, 51e ligne, 2e c. *Hop. mil. Berlin.*

Perdrick, Alphonse, Fortmoville, 40e ligne, 3e b., 3e c., coup de feu à la main gauche. *Hopital de rés., Giessen.*

Porte Jacques, Brousse. 40e ligne. *Hop. Charlottenbourg.*

Pelerin, Henri, 76e ligne, clairon. *Hop. Charlottenbourg.*

Piccini. Louis, Albertville 3e zouaves. *Hop. Charlottenbourg.*

Pineau, Jean. Lusignan. 1er art. *Hop. Charlottenbourg.*

Privote Antoine canton de Sauveterre. 48e ligne. *Hop. Charlottenbourg.*

Petit, dernière garnison Lyon, 17e ligne, 2e b., 6e c, caporal, *Place forte, Marienberg.*

Perrou, Joseph dernière garnison Lyon, 17e ligne, 3e b., 5e c. *Place forte, Marienberg.*

Pradel Auguste, dern. garn. Lyon. 17e ligne, 1re b., 6e c. *Place forte Marienberg.*

Pons, François, Annecy. 21e ligne, 1er b., 5e c. *Place forte Marienberg.*

Portes Bernard, Chambéry. 47e ligne 3e b., 5e c. *Place forte Marienberg.*

Prévotot Pierre, Nimes, 56e ligne, 2e b., 4e c. *Place forte Marienberg.*

Prou, François. Marseille, 13e chass. à pied, 2e c. *Place forte. Marienberg.*

Pricard, Eugène, Constantine. 3e zouaves, 3e b., 6e c. *Place forte Marienberg.*

Paris, Joseph, Constantine. 3e turcos, 2e b., 6e c. *Place forte, Marienberg.*

Portier, Louis Châlons 1er cuirass., 1er esc. *Place forte. Marienberg.*

Poussin Alphonse, Besançon, 9e art., 12e c. *Place forte. Marienberg.*

Pierre, Emile, Montmorillon (Vienne) 25e ligne. coup de feu à la cuisse droite. *Où?*

Pierre, Martin, 74e ligne. *Halle de l'Econom. rurale, Francf.-s/M.*

Pagot, Eugène-Louis, 1er ligne, 3e b., 4e c., sergent. *Hop. de rés., Hofgeismar.*

Portepierre Nicolas, 74e ligne, capitaine. *Hop. de rés., Hofgeismar.*

Perraton, Claude, Lessaix (Saône-et-Loire), 36e ligne. *St-Hedwig, Berlin.*

Parmentier, François, Repaix (Meurthe), 3e zouaves, caporal. *St-Hedwig, Berlin.*

Ploy Etienne, Orthez (Basses-Pyrénées), 48e ligne. contusion à la poitrine. *St.-Hedwig, Berlin.*

Paillargue, Germain St-Cirgues (Corrèze), 47e ligne. *St.-Hedwig, Berlin.*

Posot, François, 74e ligne. *Halle Economique rurale, Francf-s/M.*

Portaie, Hippolyte, 74e ligne. *Halle de l'Economie rurale, Francf.-s/M.*

Poileau, 50e ligne, coup feu au dos. *Hôp. de rés., Cassel.*

Poully, Aug.-M., 48e ligne, coup de feu au bras. *Hop. de rés., Cassel.*

Poirié, Jean-Louis, Verdun, 13e chasseurs à pied. coup de feu à l'épaule gauche. *Hop. de rés., Cassel.*

Payan, Jacques, St-Julien. Chapteuil (Haute-Loire), 45e ligne, 3e c., coup de feu au pied gauche. *Hop. III (Université), Heidelberg.*

Plancouleurs, Bourges, zouaves *Mannheim*

Pusch, Hippolyte, Le Moulin 40e ligne, coup de feu à la poitrine. *Hop., Heidelberg.*

Pétioux, 3e turcos, lieutenant. *Griesbach (Bas-Rhin).*

Paquin, 2e turcos, lieutenant *Reichshoffen.*

Peuillard, 6e art., sous-lieutenant. *Reichshoffen.*

Pinart, 2e turcos, lieutenant. *Niederbronn.*

Petit, 36e ligne, lieutenant. *Niederbronn.*

Prouvost 36e ligne chef de bataillon *Niederbronn.*

Pau, 18e ligne, sous-lieutenant. *Reichshoffen.*

Prudon, 78e ligne, sous-lieutenant. *Reichshoffen.*

Paillard Léon 8e cuirassiers, lieutenant. *Walbourg.* Blessé.

Pouelas, Marcelin, 94e ligne. *Mayence.*

Pelalo, Henri, Gayon, 66e ligne 2e c. coup de feu à la poitrine. *Darmstadt.*

Perruchon, Louis, Cloyes ou Troyes, 24e ligne, 6e c., écrasement du coude droit. *Darmstadt.*

Pomme, Louis-Pierre, Nebing 47e ligne, 4e c., coup de feu à la fesse gauche. *Darmstadt*

Patrix Edmond, St Etienne, 1er zouaves, 2e c, coup de feu au pied gauche. *Darmstadt.*

Pillen, Jean, Roussillon, chass. à pied, 4e c., coup de feu au bras gauche. *Darmstadt.*

Planeur, Damage, Aspet, 1er zouaves, 3e c., coup de feu à la cuisse gauche. *Darmstadt.*

Pierron, Joseph, Paris 96e ligne, 1re c.. coup de feu au mollet gauche. *Darmstadt.*

Plé, Alfred, Islebonne, 97e ligne. 1er b. *Darmstadt.*

Petit, Louis. St-Buige-Sancerre 76e ligne, 3e c., coup de feu au mollet. *Darmstdt.*

Pinquet Hyacinthe, Menelisnave, 63e ligne. *Darmstadt.*

Pontadur Abdalah Chorfa, 2e turcos, 3e b. *Giessen.*

Paul, François, Marlois, 40e ligne, 4e c. *Giessen.*

Pize, Laurich, Longchamps, 2e ligne 3e c. *Giessen.*

Pontot, Auguste. Raon, 66e ligne 4e c. *Giessen.*

Philippe, Mathias, Helbelsheim 40e ligne, 4e c. *Giessen.*

Piatton, Jean-Baptiste (Derau-de-Roche). chasseurs. *Giessen.*

Perdrice, Alphonse, Fontenville 40e ligne, 3e c. *Giessen.*

Paul, Joseph, Muzillac. 73e ligne, caporal. *Hopt. de réserve Schwetzingen.*

Pinson, Jean, Guitres, 10e ligne. *Hôp. de réserve. Schwetzingen.*

Polidori, Clermont, Marysala. 2e chasseurs. *Hop. de rés., Schwetzingen.*

Pesseau, Gabriel Chausseville. 4e ligne. *Hôpit. de réserve, Schwetzingen.*

Parri, Ferd.. Laning 38e ligne. coup de feu à la cuisse gauche. *Hop. de rés. Schwetzingen.*

Payse, Michel, Argelès, 25e ligne, coup de feu au poumon (danger. malade). *Hop. rés., Schwetzingen.*

Paquet, Jean, Bougel, 38e ligne, 2e b., 2e c *St-George, Augsbourg.*

Petit, G., Genin (Haut-Rhin), 74e ligne, 3e b., 4e c. *St-George, Augsbourg.*

Poidevin, Marc. Bernay (Loire), 74e ligne. *St-George, Augsbourg.*

Pilot, Nicolas. Banberville (Vosges), 3e zouaves. *St-Sébastien, Augsbourg.*

Poulichot, Jean, Pomercé. 1er zouaves. *St-Sébastien. Augsbourg.*

Pellegru, Ceranon (Dordogne), 96e ligne. *St-Sébastien, Augsbourg.*

Pousa, Ant., Bruges, 94e ligne *Hop. de rés.. Schwetzingen.*

Pulcher, Jos.. Chaux, 33e ligne coup de feu à la cuisse gauche. *Hop. de rés. à Schwetzingen.*

Prat, Jean, Antresonne, 32e ligne. *Hop, de rés. à Schwetzingen.*

Perennes, J., Antry. 65e ligne, sergent. *Hop. de rés., Schwetzingen.*

Potu, Claude, Léry, 12e chass. à pied. *Hop. de rés, Schwetzingen.*

Parisot, L.-B., Reims, 43e ligne, bless. à la cuisse gauche. *Hop. de rés., Schwetzingen.*

Picard, Aug., Lachague. grenadiers. *Hop. de rés., Schwetzingen.*

Péon, Cyrilles, Mont-St-Jean, 71e ligne, 3e c., coup de feu à la hanche droite. *Hopital de réserve I· Leipzig.*

Ployete, Charles, Roubaix. 57e ligne, 5e c. coup de feu à la cuisse gauche. *Hopital de réserve I, Leipzig.*

Paillargue, Germain, St-Cirgues. 47e ligne. *St-Hedwig, Berlin.*

Pallier, Pierre Lesneven, 50e ligne, 6e c., coup de feu au bras droit. *Hop.*, *Mannheim*.

Pierrelovollin, L., Ay (Marne) 74e ligne, 4e c., coup de feu à la cuisse d. *Hop. Mannheim*.

Pateau, Olivier, 77e ligne, 3e c. *Maison de travail à Altona, près Hambourg*.

Pain, Louis, 12e chass. à pied, 5e c. *Hôpital de réserve Lubeck*.

Plou, Antoine, 91e ligne, 2e c. *Hop. de rés., St-Annen, Lubeck*.

Peret, Paul, 67e ligne *Hop. de rés., Dessau.*

Prevost, Marie, Selles (Haute-Saône), 4e cuirassiers, 2e escadron lieuten., coup de feu au bras droit. *Hôpit. Mannheim*.

Pages, Barth., Pieusse, 93e ligne. *Hôpital de réserve, Schwetzingen*.

Pidon, J.-V., le Chastelux, 67e ligne. *Hôpital de reserre Schwetzingen*.

Piot, Jules, Joaay, 77e ligne. *Hôpital de réserce, Schwetzingen*.

Pilard-de-Plante, Villeragae, 64e ligne. *Hôpital de réserve, Schwetzingen*.

Paterin, J., Verandebec, 10e ligne. *Hôpital de réserve, Schwetzingen*.

Picard, Jean, Lameran (Morbihan), 10e ligne, 1er bataillon, 3e compag, coup de feu à l'épaule gauche. *Spire*.

Picordat, Eugène, Chalons (Marne), 27e ligne, 2e b., 2e c. coup de feu à la jambe droite. *Spire*.

Pelow, Const., Labelière, 63e ligne 2e b., 4e c. *Clinique, Giessen*.

Pomès, Jean-Pierre, Cauterets, 66e ligne. *Hop. milit., Carlsruhe*.

Pinoi, Pierre, Eya, 36e ligne. *Hop. milit., Carlsruhe*.

Pasqualini, Paul, Calioude, 3e ligne, sergent. *Hop. milit. Carlsruhe*, † le 25 Août.

Peron, Pierre, 22e ligne, 2e b., 1re c. *Hôpit. de rés., Quedlinbourg*.

Phalipont, Léonard, St-Léonard, 17e ligne, 3e b., 5e c. coup de feu au pied d. *Dusseldorf*.

Peter, Jean-David, Hannwihr, 3e ligne, 6e b., 6e c., coup de feu à la jambe g. *Düsseldorf*.

Pinçon, Léonard, Paris, 3e zouaves, 3e b., 2e c, 2 coups de feu à la poitrine. *Düsseldorf*.

Petit, Jean, 3e ligne, coup de feu à la jambe droite. *Baraque II Berlin*.

Pin, Antoine, 15e ligne caporal, coup de feu à la cuisse. *Baraque II, Berlin.*

Patorni, Napoléon, 24e ligne, lieutenant, coup de feu au bras gauche. *Baraque II. Berlin*.

Poinçolet, Eugène, 8e chass. à pied, coup de feu à la cuisse droite. *Baraque II Berlin*.

Pisani, Félix-Ferri, Bocognana, 75e ligne, 2e b., sergent, coup de feu à la cuisse gauche. *Hpt. de rés. III. Leipzig*.

Primpier, Jean-Bapt., 77e ligne, 1re c. *Hp de travail, Altona près Hambourg*.

Pinai, Pierre, Eya, 36e ligne. *Hop. milit., Carlsruhe*.

Prat, Jean, Cintegabelle, 7e ligne. *Où ?*

Paquin, Eugène, Puteaux 72e ligne *Où ?*

Pate, Victor, Rheims, 30e ligne, diarrhée *Où ?*

Picardat, Eugène, Chálons, 27e ligne, coup de feu à la cuisse droite. *Où ?*

Privat, Samson, Conichal, 5e ligne, dyssent. *Où ?*

Paillard, Walbourg, 8e cuirass., lieutenant. *Où ?*

Paul de Bernhard, Bedarridus, 10e ligne, caporal. *Hop. militaire. Où ?*

Fiold, Edouard, Albertville, 24e ligne *Pa ti.*

Parizod, Philibert, Bois le Duc? 65e ligne. *Parti*.

Palle, Joseph, Bois le Duc? 24e ligne, 3e b., 6e c. *Hop. milit.. Cologne*.

Potterie (de la), Louis, Janner de Calais, 1er inf. de marine, 4e c., diarrhée. *Loge maçonnique à Altenbourg.*

Piierieroche, Louis, 58e ligne *Hop. de réserve II, Braunschweig*.

Pretôt, Arsanne, 16e chass. à pied. *Hop. de rés. II. Braunschweig*.

Peria, Gabriel, 62e ligne, *Hop. de rés II, Braunschweig*.

Putôt, Joseph, 53e ligne. *Hop. de rés II Braunschweig*.

Plauique ou Plancké, Charles, 52e ligne *Hop. de rés. II, Braunschweig*.

Frôst, Charles, 18e ligne. *Hop. de rés II, Braunschweig*.

Piécerau, Jean, 48e ligne. *Hop. de rés. II Braunschweig*.

Plentier, Bertrand, 58e ligne *Hop. de rés. II, Braunschweig*.

Pessan, Joseph, 20e ligne. *Hop. de rés II, Braunschweig*.

Petit, Pierre, Charmey, 2e Garde. *Hôpital de la gare à Carlsruhe*.

Podevigne Faustin, Fézier, 54e ligne. *Hôpital de la gare à Carlsruhe*.

Puig, Jean, Foreilles, 7e ligne, lieutenant. *Hôpital de la gare à Carlsruhe*.

Prage, Alexandre, 3e zouaves, 1re c. caporal, coup de feu à la jambe droite et bras g. *Hop. de rés. I,* à *Cassel.*

Planvan, François, 47e ligne, 3e c., coup de feu à la tête. *Hop. de rés. I,* à *Cassel.*

Petit, Jean, 3e ligne. *Baraque II, Berlin.*

Poincelet, J., 8e chass. à pied. *Baraque II, Berlin.*

Pouchardier, Jean, 50e ligne. *Baraque II Berlin.*

Pinadi, François, 16e chass. à pied. *Baraque II, Berlin.*

Parent, Auguste, Paris, 64e ligne, 2e b., 3e c., coup de feu à la poitrine. *Hop. de rés. III, Berlin.*

Prévost, Marie, Selles (Haute-Saône), 4e cuirass., 2e esc., lieutenant, coup de feu au bras d. *Hopital V, Mannheim.*

Potorni, Napoléon, 24e ligne, sous-lieutenant. *Baraque II. Berlin,*

Pin, Antoine, 15e ligne, caporal *Baraque II, Berlin.*

Pierre, Marie, Meclare, 15e ligne, 5e c., coup de feu à l'épaule. *Baraque II, Mannheim.*

Pihnet, Albert, Rennes, 13e ligne, 5e c., lieutenant, coup de feu au genou *Baraque II, Mannheim.*

Planoulogne. Bourbon, 47e ligne 3e c. coup de feu à la tête. *Baraque II Mannheim.*

Paillier, Pierre. Lesneven, 50e ligne, 3e b., 6e c. coup de feu au bras droit. *Hôpital VII, Mannheim.*

Picard, Louis, 15e artill. *Hopital de réserve, Stolpe.*

Pro, Alexis, 93e ligne, 2e c., caporal. *Hop. de rés., Francfort-s M.*

Pistin, Victor, Lonaord, 93e ligne, 6e c. *Hop. de rés., Francf.-s/M.*

Prechet, Charles, Voux, 1er génie. *Hop. de la gare Carlsruhe.*

Pédert, Jean-Marie, Carquefou, 8e cuirass *Hop. de la gare. Carlsruhe.*

Paillou, Jean, St-Etienne, 7e ligne, 1er b., 3e c., coups de feu aux cuisses. *Bar. VII, Mannheim.*

Pastier, Sylvain, Levroux, 74e lgne, 1er b., 1re c., coup de grenade au pied *Bar VI, Mannheim.*

Poitel, Félicien, Bussy-Mottes, 50e ligne, 1er b., 1re c. fracture du bras *Bar VI Mannheim.*

Parou, Ferd. Lannion, 38e ligne, blessé à Metz. *Bar. VI, Mannheim.*

Payre, Mich., Agilles, 25e ligne, blessé à Metz. *Bar. VI, Mannheim.*

Paillier, Pierre, Lesneven, 50e ligne, 6e c., fracture du bras droit *Hôpital VII, Mannheim.*

Péron, Yves, 41e ligne, 2e b., 3e c., coup de feu à la poitrine. *Hopital VII, Coligny.*

Plantemarque, 90e ligne, 2e b, 2e c., coup de feu à la cuisse droite *Hopital VI, Colligny.*

Plank, Christophe, 17e ligne, 4e b., 5e c, diarrhée. *Bar Giessen.*

Petit, François, St-Christophe, 94e ligne, état grave. *Ste-Marie-aux-Chênes.*

Petitjean, 61e ligne, 3e b, 5e c. *Hpt. de rés., Brieg.*

Pénot, André, 1er génie 2e c. des mineurs. *Hpt. de rés., Brieg.*

Pernelet Alfred, 11e ligne, 2e b., 2e c. *Hpt. de rés., Brieg.*

Pautu, Victor, St-Etienne, 93e ligne, blessé à Metz. *Hóp. de rés., Schwetzingen.*

Picard, Gaspard train des équipages. *Hpt. de rés., Brieg.*

Péretti, François, 19e artill. monté. *Hpt. de rés., Brieg.*

Pinselle, Arthur. 1er génie sap. *Hpt. de rés., Brieg.*

Pédron, Olivier, 19e artill. monté. *Hpt. de rés. Brieg.*

Pottier, François, Artill. de marine, 12e batt. *Hop. de rés., Brieg.*

Peyronnet. Jean, 82e ligne, 1er b., 1re c. *Hóp. de rés., Brieg.*

Perlezet, Benoit, Bourville, 8e artill, 2e batt. *Hóp. de rés.. Brieg.*

Pénaud. Antoine, Bourbon, 6e ligne, 5 c. *Hpt. milit.. Spandau.*

Pierre, Jean, Monterblanc (Morbihan), 10e ligne, blessé à la cuisse. *Ambul. X. Pont-à-Mousson.*

Prigent Jean, 48e ligne. *Bischwiller.*

Petitpas, Sav, 47e ligne. *Bischwiller.*

Point, 99e ligne. *Bischwiller.*

Pierry, 56e ligne. *Bischwiller.*

Pallegrin, Louis, 32e ligne. *Francfort-sur-le-Mein.*

Poupin, Auguste, Dorse, 1er inf. de marine, 2e c. *Leipzig.*

Poulignau, Simon, Faliquier, 83e ligne, 3e c. *Leipzig*

Pialoux, Jacques, Arial, 11e ligne, 5e c. *Leipzig.*

Prettetous, Léonard, Arvisharbrez, 68e ligne, 1re c. *Leipzig.*

Pernet, Constant, Fougerolles, 17e ligne, 4e c. *Leipzig.*

Plimeret, Jean-Bapt, 58e ligne, 1er b., 6e c., dyssent *Spandau* † le 7 Oct.

Pinnot, Sylvain, 17e ligne, diarrhée. *Mayence,* † le 6 Oct. *Hop. milit.*

Perras, Pierre, 4e ligne, 2e c. *Carthausen*, † le 3 Oct. *Au Dépôt.*
Pollat, Jean, 3e zouaves, caporal. *Danzig*, † le 1 Oct. de blessures.
Prévot, Guillaume, 20e ligne, typhus. *Spandau*, † le 5 Oct.
Pigny, Jean-Bapt., corps-francs, typhus. *Carthausen* † le 29 Sept.
Petit, Alphonse, 57e ligne, 1er b., 1re c., coup de feu à l'épaule droite. *Wittenberg*, † le 1 Oct. de fièvre.
Pelletier, Paul, 66e ligne. *Danzig*. † le 5 Sept. de blessures.
Perault, Jules, 73e ligne. *Danzig*, † le 10 Sept. de blessures.
Perrin, Fridolin, 47e ligne, dyssent. *Erfurt*, † le 25 Sept.
Palger, Alphonse, 73e ligne, blessé à la tête. *Mayence*, † le 30 Août.
Proteuil, Ferdinand, 58e ligne, 1er b., 5 c., dyssent. *Spandau*, † le 26 Sept.
Proust, Jean, 58e ligne, 2e b., 1re c., typhus. *Spandau*, † mort le 26 Sept.
Plasse, Antoine, 1er ligne, typhus. *Minden*, † le 5 Oct.
Pasquaux, Clodwig-Emile, Mornebéri, 47e ligne. *Ambul., Soultz*, † le 28 Août.

Quozie, Marie, 74e ligne. *Hop. de rés., Hofgeismar.*
Quandon, Pierre, Haut-Rhin, 74e ligne. *Hop. de rés., Hofgeismar.*
Querro, François, Napoléonville, 1er ligne, 1re c., gravement blessé. *Ste-Marie-aux-Chênes.*
Quinzing, Jacques, Kressastel. 3e ou 1er ligne. *Hôpital militaire, où ?*

Rodier, Joseph, Murat, 56e ligne, 1e c., fracture du bras. *Hpt. de rés. Kirchheim.*
Raimond, Jean-Baptiste, 2e ligne, 3e c., *Hopital mil. de Berlin.*
Rivals, Raymond. 40e ligne, 4e c. *Hopital mil. de Berlin.*
Rolland, Pierre, St-Martin-la-Lande, 9e cuirassiers, 3e esc., contusion. *Château de Hanau.*
Rocquefort, 3e zouaves, 1er b., 4e c. *Hop. à Hildbourghausen.*
Rénare, Réné, 3e zouaves, 2e b., 6e c., caporal. *Hop. à Hildbourghausen.*
Rolland, Pierre, St-Martin-la-Lande, 9e cuirassiers, 4e esc., ruade de cheval. *Hôp. de rés., Hanau.*
Rion, Frédéric, St-Vincent-de-Barres, 6e lanciers. *Hpt. Charlottenbourg.*
Rédespergé, Charles, Bourg-Bruche 99e ligne. *Hopital de Charlottenbourg.*
Reuillai, Martial Chateauneuf-la-forêt, 12e artillerie. *Hop. de Charlottenbourg.*
Richard. *Hôp. de rés. n° 2 à Cassel.*
Roger, René, 74e ligne. *Berlin.*
Rebeyrols, Frédéric, Mortagne, 3e zouaves. *Hop., Charlottenbourg.*
Raynaud. Jean-Marie, dernière garnison Lyon, 17e ligne. 2e b., 5e c., caporal. *Place forte Marienberg.*
Robert, Edouard, Strasbourg, 18e ligne, 1er b., 1e c. *Pl. forte, Marienberg.*
Rabot, Frédéric, Langres, 50e ligne. 1er b., 5e c. *Pl. forte. Marienberg.*
Richerand, Marie, Nîmes, 56e ligne, 3e b., 4e c., *Place forte Marienberg.*
Rouy, Jean-Paul, 56e ligne, 3e b., 2e c. *Place forte Marienberg.*
Ragasse, Charles, Alger, 1er zouaves, 1er b., 6e c. *Pl. forte, Marienberg.*
Raynouard Félix, Alger, 1er zouaves, 1er b., 5e c. *Pl. forte. Marienberg.*
Richmann, Aug., Strasbourg, 21e ligne, coup de feu au bras gauche. *Où ?*
Rogier, Louis. Paris, 2e zouaves, coup de feu au bras droit. *Où ?*
Rivière, Gabr., Ste-Croix (Arriége), 13e chass. à pied, coup de feu au bras droit. *Où ?*
Regent Félix, (Haute-Saône), 50e ligne, 1er b., 2e c. sergent. *Hôpital de réserve, Hofgeismar.*
Rebout, 50e ligne, 6e c. coup de feu à la cuisse droite. *Hop. de rés., Cassel.*
Raddour ben Radach, 1er zouaves, 3e b., 6e c. *Hôpital de rés., Hofgeismar.* Evacué le 12 Août à *Halle.*
Remigan, Jacques, 1er zouaves, 7e c. *Orphelinat de Francf.-s/M.*
Rey, Antoine, 74e ligne, *Orphelinat de Francfort-s/M.*
Randou ben Mahomed, 3e turcos, éraflure à la lèvre supérieure et à la cuisse gauche. *St-Hedwig, Berlin.*
Rembam Mohamed, 1er turcos, 2e b., 4e c. *Hopital de rés., Hofgeismar.*

Rocefoque, 3e zouaves, 1er b., 4e c. *Hopital de réserve Hildbourghausen*

Rojet, 74e ligne, *Hôp. de rés., Cassel.*

Rother, Joachim, 3e zouaves, 2e c., coup de feu au pied. *Hop. de rés., Cassel.*

Roulier, Simon, Seriers, 5e ligne, 1er b., 6e c. *Hpt. de rés., Hofgeismar*, Evacué le 12 Août à *Halle.*

Rouot, Augustin, Haute-Marne. 50e ligne, 3e b., 3e c. *Hpt. de rés., Hofgeismar.*

Riocère, Edouard, 16e chass. à pied. *Hop. milit., Francfort-sur-le-Mein.*

Rousseau, Joseph, Cordemais (Loire-Inférieure), 21e ligne, 4 coups de feu au bras droit. *Hôp. de l'Union à Ludwigshafen.*

Rabot, Clément. 48e ligne, 1e c., coup de feu à l'épaule. *Hop. de rés., Cassel.*

Rupeau 50e ligne, 1e c. *Hpt. de rés., Francfort-sur-Mein.*

Rougé Antoine, Lyon. 96e ligne 2e b., 2e c. *Maison de la Loge, Heidelberg.*

Rougeventre Gabriel Paris. 2e zouaves. *Baraque Moos, Heidelberg.*

Richich S., Montelli 70e ligne, 2e b., 8e c., coup de feu à la cuisse. *Reiss II, Heidelberg.*

Rick ou **Ruch**, 45e ligne, coup de feu à la tête. *Neustadt.* Ce blessé ne peut répondre aux questions. Evacué à *Mayence.*

Roy, Louis. Marseille. 1er turcos. coup de feu à la cuisse. *Edenkoben.* Evacué le 19 Août à *Mannheim.*

Régnier, Fernand, 3e zouaves, sous-lieutenant, bras amputé, *Reichshoffen.*

Rau. Sidney, état-major, capitaine. *Reichshoffen.*

Rodier, Octave, Bordeaux. 67e lig., 2e bat., caporal, c. de feu au genou. *Neustadt.* Ev. à *Mayence.*

Rabe ben Ali, Alger. 1er turcos, 6e c. *Darmstadt.*

Riondy, Maurice, 74e ligne, 2e c. *Darmstadt.*

Roger, Geoffroy, Dury, 2e zouaves, 3e c. *Hopital de Darmstadt.*

Radeau, Auguste, Noie, 96e ligne, 2e c. *Hop. de Darmstadt.*

Rauand, Pierre, Joigny, 36e ligne, 5e c. caporal. *Hop. Darmstadt.*

Regcède, César. Pieve, 2e zouaves. *Hpt. de Darmstadt.*

Récipon, Nièvre 47e ligne 1er b. *Hop de Darmstadt.*

Riverain, Joseph. Haute-Chapelle, 93e ligne. *Hôp. de rés., Schwetzingen.*

Reboussin, Théoph., Tours, 30e bat. mobile. *St-George, Augsbourg.*

Renard, Léonard, Hanon (Nord), 3e turcos sergent. *St-George, Augsbourg.*

Richet, Claude, Marsigny (Loire), 18e ligne, *St-George, Augsbourg.*

Regnier, François, Soules, 47e ligne. *St-Sébastien. Augsbourg.*

Rigol, Paul, Serpent (Indre), 48e ligne. *St-Sébastien, Augsbourg.*

Ro, François, Mont-Louis, 78e ligne. *St-Sébastien Augsbourg.*

Redoit, Joseph, Moitiers (Nord). 2e zouaves. *St-Sébastien, Augsbourg.*

Revier, Jean La Mouline (Aveyron) 36e ligne. *St-Sébastien, Augsbourg.*

Renaux, Louis Lusignan-Poitiers. 2e zouaves. *St-Séb istien, Augsbourg.*

Roustan, Sébast., Grasse (Alpes-Maritimes), 99e ligne. *St-Sébastien, Augsbourg.*

Rietsch, Jos., Mulhouse. 98e ligne. *Hôpital de réserve, Schwetzingen.*

Renaud, Ant., Limeaux, 93e ligne. *Hôpit de rés., Schwetzingen.*

Rhin, Aug., Herlsheim, 43e ligne. coup de feu à la main droite et à la cuisse gauche. *Hôpit. de réserve, Schwetzingen.*

Rattier, Henri, Courbillac, 12e ligne coup de feu à la cuisse droite. *Hôpit. de rés., Schwetzingen.*

Rosseau, Alex., Coulonge, 25e ligne, coup de feu à la cuisse droite. *Hpt. de réserve Schwetzingen.*

Roche, Pierre, Campi 6e ligne. éraflure au visage. *Hopt. de réserve., Schwetzingen.*

Roubenne, Urb., Perbiquaix, 94e ligne, coup de feu à la cuisse droite. *Hop. de réserve, Schwetzingen.*

Riot, Jacques Plouvien, 11e ligne. *Hopital de rés. Schwetzingen.*

Ravel, Vict.-Maurice Chateaudouble, 28e ligne. *Hôpit. de réserve, Schwetzingen.*

Richard, Joseph, Maisdon, 91e ligne. *Hopital de réserve, Schwetzingen.*

Ravillon, P., Orléans, 74e ligne, 2e c., coup de feu à la joue. *Hop., Mannheim.*

Richon, 47e ligne, lieutenant. *Hop. de rés., Cassel.*

Reigniz, Pierre-Marie, 4e ligne, lieutenant. *Hôpit. de rés., Cassel.*

Roques, Jean, 77e ligne, 1e c., *Hôp. de travail à Altona, près Hambourg.*

Rennemarie, Isidore, 75e ligne. 6e c. *Hôpit. de réserve St-Anne à Lubeck.*

Régnier, J., Moulan. 26e ligne, sergent, *Hôpital de réserve, Schwetzingen.*

Rousseau, Jos., Bertry (Nord), 50e ligne, 4e c. *Hôpit. de Mannheim.*

Rouaret, Pierre, Rougian, 2e zouaves, 1er b., caporal, coup de feu au genou gauche. *Hôpital de Mannheim.*

Rigaille, Pierre, Locpieux, 15e ligne *H.op. rés., de Schwetzingen.*

Roibeau, Marie. Legain (Vendée), 31e ligne, blessure de la cuisse droite. *Bamberg.*

Robault, Marie Hilaire-Louis (Vendée). 91e ligne, 3e b., 4e c.. coup de feu à la jambe droite. *Spire.*

Rezie, Alphonse, Lunac (Aveyron). 93e ligne, 3e b., 3 c coup de feu au pied gauche. *Spire.*

Roibaut André, Noyguet (Isère), 4e ligne, 2e b., 3e c., coup de feu au côté droit. *Spire.*

Rousseau Eugène, St-Lange, 24 ligne 6e c. *Hôp. civil à Bingen.*

Rosseau,, Donas Grangettes 66e ligne. *Hop. milit. Carlsruhe.*

Roudon. Jean-Ant., Chiveaux 20e art., 1e batt., coup de feu au bras droit et à la cuisse. *Couvent des Dominicains à Dusseldorf.*

Richermoz, Maurice Pesey. 96e ligne, 2e b., 2e c.. coup de feu à la cuisse. *Couvent des Dominicains à Dusseldorf.*

Roustan, Eugène 48e ligne coup de feu à la jambe gauche. *Baraque 11, Berlin.*

Rabeau, Marie, Legain, 31e ligne, coup de feu à la cuisse droite. *Où ?*

Rouaud Nicolas, Ladive, 2e zouaves, coup de feu au pied gauche. *Où ?*

Rauley, Pierre, Pérouges, 88e ligne, fièvre gastrique. *Où ?*

Rousanne, Etienne, Lagarve (Corrèze), 67e ligne, 3e b., 3e c., coup de feu à la cuisse g. *Bessungen.*

Rey, François, Bedessides, 96e ligne. *Giessen.*

Richelm, Joseph, Bedessides, 3e génie. *Giessen.*

Richereau 50e ligne. *Hopital de réserve 1, Francfort-sur-le-Mein.*

Routeaux, Clément, Ste-Hélène, 8e ligne, caporal. *Hpt. militaire, Darmstadt.*

Raffa, Pierre, 36e ligne, 2e c., coup de feu à la cuisse droite. *Hpt. de rés. I, Cassel.*

Royral, Jules, 67e ligne, 1re c., caporal. *Hpt. de rés. I, Cassel.*

Rousten, Eugène, 84e ligne. *Bar. 11, Berlin.*

Radire Pierre Lakoym, 94e ligne, 1re c.. caporal, gravement blessé. *Ste-Marie-aux-Chênes.*

Rambert, Louis, Stotonuld 75e ligne, gravement blessé. *Ste-Marie-aux-Chên s.*

Roi, Jacques, Meinacker 94e ligne, gravement blessé. *Ste-Marie-aux-Chênes.*

Raffa, Chambontière, 36e ligne. 2e c., coup de feu à la cuisse. *Bar. VI, Mannheim.*

Rouaret, Pierre, Rougian, 2e zouaves, 1er b, caporal, coup de feu au genou. *Bar. VI, Mannheim.*

Ravillère, Pierre, Orléans, 74e ligne, 3e b, 2e c., coup de feu à la joue droite *Hpt. VII, Mannheim.*

Ramat, J.-B., Chateau neuf, 93e ligne 1re c. *Hôpital de réserve I, Francfort-sur-le-Mein.*

Rabutat, P., Jesey, 28e ligne, 3e c. *Hôpital de réserve I, Francfort-sur-le-Mein.*

Rey, Antoine, la Frette, 74e ligne. *Hôp. de réserve 1, Francf.-s M.*

Richart Gustave, Sevret, 100e ligne, 3e c. *Hôp. de réserve I, Francf.-s|M.*

Robert, P., St-Ire, 68e ligne 5e c. coup de feu à la main gauche. *Hopital V, Mannheim.*

Roguez-Renoné, Laneuviller, 10e ligne, 5e c. coup de feu à la bouche. *Hôpital V, Mannheim.*

Roman, Joseph, Bernes, 92e ligne. 1re c.. caporal, coup de feu au pied. *Hop n° 5. Mannheim.*

Rouaret, Pierre, Rougian 2e zouaves, 1re c. caporal, coup de feu au genou g. *Hop. n° 5, Mannheim.*

Rebe-ben-Haidsch, Alger. 1er turcos, 2e b., fracture du pied gauche. *Bar. VI, Mannheim.*

René, Pierre. Tours, 1er ligne, 2e b., coup de feu à la cuisse gauche. *Bar. VI, Mannheim.*

Renner, Jean, Brest 50e ligne, 3e b.. 6e c.. coup de feu au bras. *Bar. VI, Mannheim.*

Rovert, A., Vitry-au-Lange, 74e ligne, 1er b., 3e c,coup de feu à l'œil droit. *Bar. VI, Mannheim.*

Rosseau, R., Méral, 29e ligne, blessé à Metz, *Hôpit. de rés., Schwetzingen.*

Rosselat, Alexis, Plaichatelle, 75e ligne. blessé à Metz. *Hpt. de rés., Schwetzingen.*

Rietsch, Joseph, Mulhouse. 98e ligne blessé à Metz. *Hop. de rés., Schwetzingen.*

Richard, Joseph, Joles 91e ligne, blessé à Metz. *Hop de rés., Schwetzingen.*

Régnier, J.-B., Moulon, 26e ligne, blessé à Metz. *Hop. de rés., Schwetzingen.*

Ravillon, Pierre, Orléans, 74e ligne, 2e c., coup de feu à la joue droite. *Hop. VII, Mannheim.*

Raison Félix, 51e ligne, 1er b., 2e c.. caporal, coup de feu au genou. *Colligny.*

Ramon (de), Pierre, 4e chass., 2e c. *Halle-s/S.*

Riverain, Joseph, Haute-Chapelle, 93e ligne, blessé à Metz. *Hop. de rés.. Schwetzingen.*

Rafini, Jean, 12e artill. monté. *Hop. de rés., Brieg.*

Renault Auguste, 46e ligne, 3e b., 5e c. *Hpt. de rés., Brieg.*

Ramond, Joseph, 62e ligne, 4e b.. 1re c. *Hpt. de rés., Brieg.*

Roël, François, 20e artill. monté. *Hpt. de rés., Brieg.*

Roux, Hippolyte, 20e artill. monté. *Hop. de rés., Brieg.*

Remy, Alfred, 64e lignè, 4e b., 1re c. *Hop. de rés., Brieg.*

Reber. Jean-Michel, 20e artill. monté. *Hop. de rés., Brieg.*
Roman, Romain, 19e artill. monté. *Hop. de rés., Brieg.*
Ramusse, Etienne, 62e ligne, 4e b., b , 4e c. *Hop. de rés., Brieg.*
Roussau, François 3e inf. de marine, 2e b., 4e c. *Hóp. de rés., Brieg.*
Rese Jean, Heinlingen (Moselle), 26e ligne, 2e b., légèrement blessé. *Hopital de rés., Naumbourg s/S.*
Rompteau, Bapt., Rouvignes (Marchiennes), 8e b. chass., coup de feu à la cuisse. *Wissembourg.*
Ramon, Joseph, 69e ligne, 4e b. 1re c. *Brieg.*
Rousseau Fr.-M., 3e inf. de marine, 2e b. *Brieg.*
Rectenwald, J.-M.-A.. 83e ligne, 3e b., 2e c , caporal. *Brieg.*
Rouault, Cl.-H., 50e ligne, 2e b., 6e c., sergent-fourrier. *Brieg.*
Rougier, Bertrand, 5e hussards, 2e esc. *Brieg.*
Rapilly, Emile Piroux, 6e ligne, 2e c. *Hopital mil., Spandau.*
Ramy, Léop., 8e lanciers, 1er esc. *Hpt. mil., Spandau.*
Rochet, Jean, 6e artill., 8e b. *Hpt. mil., Spandau.*
Riffe. Jean, St-Ambrois (Cher), 28e ligne, blessé au genou. *Ambul., Pont-à-Mousson.*
Rabbié, Afred, Siravoud (Loire), 70 ligne, coup de feu à la cuisse. *Ambul., Pont-à-Mousson.*
Rollin, Nic. C., 40e ligne, sous-lieutenant. *Hopital Wiesbaden.*
Ramain, Pierre, 99e ligne. *Bischwiller.*
Rouzé, Louis, Laguinde, 62e ligne, 1re c. *Francfort-s/M.*
Rhodes (de), Jean, Betall, 53e ligne, 3e c. *Leipzig.*
Roix, Victor, St-Aignin, 82e ligne, 5e c. *Leipzig.*
Roux, Adrien, Caylus (Tarn-et-Gar.), 14e artill., typhus. *Posen*, † le 4 Oct.
Roche, Frédéric-Joseph, 12e artill , typhus. *Stettin*, † le 8 Oct.
Rivière. Paul, 1er inf. de marine, 1er b., dyssent. *Neisse*, † le 25 Sept.
Roger, Louis, 21e ligne, capitaine, coup de feu au pied gauche. *Mayence.* † le 31 Août.
Royet, Joseph, 11e ligne, 6e c., dyssent. *Erfurt*, † le 27 Sept.
Ridé, Louis-Jean 94e ligne, 9e b. *Carthausen.* † *Hop. mil..* le 24 Septembre d'apoplexie.
Roupsard ou Roussard, Louis, 14e ligne, 3e b.. 2e c., *Carthausen.* † le 24 Septembre du typhus.
Richard, Auguste, Lerosne, 19e artil., 4e batt. *Bruchsal.* † le 28 Août.
Rinderknecht, Edouard, Niederlsheim, 9e cuirass. 2e esc. *Ambulance à Sulz.*
Roy, 3e turcos, lieutenant. *Bischwiller.*
Roussel, 1er zouaves. *Bischwiller.*
Ronselet, Michel, Brisematha (Charente-Inférieure) 1er inf. de marine, phthisie pulmonaire. *Glogau.*
  † le 29 Octobre.

Sechweitier, 67e ligne. 3e c. *Hopital militaire à Berlin.*
Sarahn, 77e ligne, 1re c. *Hop. milit., Berlin.*
Soissant, Woidec, 10e chass. à pied, 5e c. *Hop. milit., Berlin.*
Saïd-bel-Kaem, 1er turcos, 1re c. *Hop. milit., Berlin.*
Said ben Moilouf, Alger, 1er turcos, 2e b., 4e c. *Cassel.* Guéri.
Sendral. Joseph Laverd, 67e ligne, 4e c , coup de feu à la cuisse droite. *Hôpital de réserve, Weilbach.*
Sizierre, Antoine Evreux, 1er zouaves. *Hop Charlottenbourg.*
Schub, Louis, (Heilhouse), 40e ligne. *Hôpit. Charlottenbourg.*
Schweiger. Charles Echery, 2e ligne. *Hop. Charlottenbourg.*
Scolla, Pierre. Langouet 80e ligne. *Hop. Charlottenbourg.*
Simon, Jacques, Lison 3e chass. à pied. *Hop. Charlottenbourg.*
Speich Nicolas, Etterndorf. 40e ligne. *Hop. Charlottenbourg.*
Schoff, Jean, Beblenheim. 40e ligne. *Hop. Charlottenbourg.*
Sarazin, François, dernière garnison St-Omer, 1er chass. à pied 2e c., sergent *Place forte, Marien-*
  berg.
Serchet, Pierre, Lyon, 17e ligne, 1er b., 2e c.. caporal. *Pl. forte Marienberg.*
Saffon, Math , Lyon, 17e ligne, 2e b., 2e c. *Pl. forte. Marienberg.*
Steinbauer, Léon, Marseille. 48e ligne, 3e b., 2e c. *Pl. forte, Marienberg.*
Sarbonel, Eugène, Lyon, 68e ligne, 1er b., 2e c. *Pl. forte, Marienberg.*

Semain, Joseph, Toulouse, 8e chass. à pied, 2e c. *Pl. forte, Marienberg.*

Staup Charles, Befort, 9e cuirass., 4e esc. *Pl. forte. Marienberg.*

Simonnet, Pierre de Chencrage (Creuse). 50e ligne, blessé à l'épaule droite. *Où ?*

Said ben Madoni, 1er turcos, 3e b., 6e c. *Hop. de rés., Hofgeismar.*

Said ben Moilouf 1er turcos, 4e c. *Hop. de rés., Hofgeismar.*

Sahbah ben Hani, 1er turcos, 2e c. *Hop. de rés., Hofgeismar.*

Sanbe ben Saideck, 1er turcos, 5e c. *Hôpit. de rés., Hofgeismar.*

Said on Marzif, 1er artill. 4e c. *Hóp. de rés. Hofgeismar.*

Said, 1er turcos. *Hóp. de rés., Hofgeismar.*

Saloss ben Abed, 1er ligne, 2e c. *Hapt. de rés., Hofgeismar.*

Servage, Jules, 36e ligne, coup de feu au bras gauche. *Hopt. de rés., Cassel.*

Said, 1er turcos. *Hopital militaire, Francfort-sur-Mein.*

Sivertière, Armand, 50e ligne. *Hopit. militaire, Francf.-s/M.*

Soulié, Louis, 74e ligne, 3e c. *Hop. de rés., Hofgeismar.*

Sequef, Robert, 50e ligne, 1re c. *Hop. de rés., Hofgeismar.*

Segui, Jean, 50e ligne 1re c. *Hóp de rés., Hofgeismar.*

Seguis, Joseph, 50e ligne, 2e c., caporal. *Hop. de rés., Hofgeismar.*

Smit ben Meki 2e turcos. blessure à l'épaule droite. *St-Hedwig, Berlin.*

Seclers ou **Leclerc**, Charles-Alfred, 78e ligne. *St-Hedwig, Berlin.*

Suzange, Jean-Théodore, 47e ligne, 4e c., lieutenant. *Hop. de rés., Cassel.*

Soucaille Isidore, 48e ligne. *St-Hedwig, Berlin.*

Souller, Jules, Berciers, 3e ligne, 2e b., 6e c. *Maison de la Loge, Heidelberg.*

Sapeur ou **Savre**, Eugène Mestralem, 2e turcos, 1er b., 5e c., sous-officier. *Edenkoben.* † le 31 Août sans avoir repris connaissance.

Sauvée, François, Rennes, 78 ou 87 ligne, sergent, coup de feu au mollet gauche. *Edenkoben.* Évacué le 20 Août à *Mannheim.*

Sardou, J.-C.-P.-R. 13e chasseurs à pied, lieutenant. *Niederbronn (Bas-Rhin).*

Scalier, Désiré, 78e ligne, lieutenant. *Niederbronn (Bas-Rhin).*

Strapart, Blaise, 9e artill., lieutenant. *Niederbronn (Bas-Rhin).*

Sala ben Amed, 3e turcos, sous-lieutenant. *Reichshoffen.* Usine.

Schwartz, 47e ligne, capitaine. *Reichshoffen.*

Soudé, 2e zouaves, sous-lieutenant. A été à *Froeschwiller*, et évacué depuis.

Souville, 56e ligne, lieutenant-colonel. *Ueberrach.* Blessé.

Salvan, 56e ligne, capitaine. *Haguenau.* Blessé.

Sakael, Octave, Charmes-la-Grande, 67 ligne, 3e b., blessé à la cuisse gauche. *Neustadt.* Évacué à *Mayence.*

Soulaine, Jos., Chapelle, 33e ligne. *Hop. de rés., Schwetzingen.*

Schreick, Nicolas. Schwarzenbach (Bas-Rhin), 5e artill., 2e batt. *St-George, Augsbourg.*

Simon, Lud., St-Julien-de-Valgagues (Gard), 2e zouaves. 1er b., 1re c. *St-George, Augsbourg.*

Suire, Alphonse, La Rochelle (Charente-Inférieure), 46e ligne, caporal. *St-Sébastien, Augsbourg.*

Sirop, Al., Liguaine, 94e ligne. *Hop. de rés., Schwetzingen.*

Schaller, Michel, Frœschweiler, 57e ligne. *Hop. de rés., Schwetzingen.*

Sicard, Jean, Monterin, 64e ligne. *Hop. de rés., Schwetzingen.*

Suberville, Léonard, St-Gaudens, 3e chass., capitaine. *St-Hedwig, Berlin.*

Sartin, Mathias. 12e chass. à pied, 3 c. *Hop. de rés., Lubeck.*

Staebel Louis, 84e ligne, 3e c. *Hóp. de rés., Lubeck.*

Seséré, Nestor, 32e ligne, 4e c. *Hopt. de rés., Ste-Anne, Lubeck.*

Sebatterie, Simon, 4e ligne, 5e c. *Hôpit. de rés., Ste-Anne, Lubeck.*

Sable, Baptiste, 2e chass. à pied, 2e c. *Hopital de rés., Ste-Anne, Lubeck.*

Seathan, Louis, 3e de la garde, 2e c. *Hop. de rés., Sté-Anne, Lubeck.*

Selesta, Basile, 4e ligne, 3e c. *Hôpit. de rés., Ste-Anne, Lubeck.*

Sirault, Al., Taizé, 94e ligne. *Hóp de rés., Schwetzingen.*

Seline, Jean-Louis, St-Laurent, 18e ligne, 3e b., sous-lieutenant, coup de feu au mollet. *Hôpital, Mannheim.*

Sallut, Auguste, Guillestre, 13e ligne. *Hóp. de rés., Schwetzingen.*

Salmon, Louis, le Mans (Sarthe), 12e ligne, 2e b., 4e c., coup de feu au pied gauche. *Spire.*

Souchale, Michel Brefou, 84e ligne. *Hôpital militaire, Spandau.*

Soignause Gaston, 9e ligne, blessé grièvement. *Hop., Pange.*

Siblo, Joseph 1er ligne sergent, coup de feu au pied gauche. *Bar. II, Berl n*

Siourané, Jean 2e zouaves caporal coup de feu au bras gauche. *Baraque II, Berlin.*

Segny, Joseph 50e ligne, 1er b. 2e c., caporal. *Baraque III Berlin*

Skirs ben Lousin 3e turcos coup de feu à la cuisse droite. *Baraque I Berlin.*

Serignan, Pierre Barbentanne. 28e ligne 1er b., coup de feu à la cuisse droite. *Hôpital de rés. n° 3 Leipzig.*

Soulet, Louis-Pierre, St-Juery 52e ligne diarrhée. *Où ?*

Souville 56e ligne lieutenant-colonel. *Ueberrach.*

Salvan 56e ligne, capitaine. *Haguenau.*

Sire Jean-Joseph St-Julien-de-Bec 72e ligne. *Hôp. de rés., Leipzig.*

Suedner, Michel 58e ligne. *Hôp. de rés II, Braunsweig.*

Sesni 91e ligne *Hop. mil., Giessen.*

Sornay, Jean-Louis, Juillenat, inf. de marine, 2e b. 5e c., entérocatarrhe. *Baraque Giessen.*

Santini Jean-Marie, 66e ligne 1er b., 3e c., caporal. *Hôp. milit., Cologne.*

Sive, Frédéric, Chevigny. 10e ligne, tambour. *Hop. de la gare Carlsruhe.*

Savin, Antoine, Champagny, 13e ligne. *Hpt. de rés., Carlsruhe.*

Sendral Joseph, Saverel, 67e ligne, 4e c. *Hpt. de rés. I, Francf.-s/M.*

Siek, 3e turcos, 1re c. *Hpt. de rés. I, Francf.-s/M.*

Sualt, Charles, 17e chass. à pied, 5e b., coup de feu au bras droit *Hpt. de rés. I, Cassel*

Soutre, Jean, 3e ligne, 3e c., clairon, coup de feu à la cuisse gauche. *Hpt. de rés. I, Cassel*

Supa, Julien, 2e ligne. *Bar. II. Berlin.*

Sostue, Théodore, 40e ligne. *Bar. II, Berlin.*

Sérignan, Pierre, Barbentanne, 28e ligne, 1er b., 4e c., coup de feu à la cuisse d. *Hôp. de rés., III. Leipzig.*

Seswarte, Louis, Lille, 12e ligne 2e b., 2e c. coup de feu à la bouche. *Hôp. de rés., III. Leipzig.*

Sumasson, Ferdinand, 2e zouaves. *Hôp. de rés III, Leipzig.*

Siblo, Joseph, 1er ligne, sergent, *Hop. de rés. III, Leipzig.*

Selme, Jean-Louis, 18e ligne, 3e b., sous-lieutenant, coup de feu au mollet g. *Bar. VI, Mannheim.*

Sauvage, Augustin, Labastide, 28e ligne, 4e c., gravement blessé. *Ste-Marie-aux-Chênes.*

Schaal, Clément, Mutzig, 10e ligne, 3e c., caporal, gravement blessé. *Ste Marie-aux-Chênes*

Salliart, Eugène, Paris, 73e ligne, gravement blessé *Ste-Marie-aux-Chênes.*

Sorche, Jean, Fort-Louis. 9e ligne, gravement blessé. *Ste-Marie-aux-Chênes.*

Sauvage, Jean, Cazères, 28e ligne, 3e c, *Hôpit. de rés. I, Francfort-sur-le-Mein.*

Sévrier, Guillaume, Traserac, 2e zouaves. *Hop. de la gare, Mannheim.*

Saupé, François. Rennes, 78e ligne, 2e c. sergt., coup de feu au mollet g. *Hop. de la gare, Mannheim.*

Sallé, Louis, Limanche, 64e ligne, blessé à Metz. *Hôpit. de rés., Schwetzingen.*

Sicard, Jean, Monterin, 64e ligne. blessé à Metz, *Hôpit. de rés., Schwetzingen.* † le 8 Septembre.

Sirault, Aloïde Cairé, 94e ligne, blessé à Metz *Hôpit. de rés, Schwetzingen.*

Sabadieu, Antoine, Cette (Hérault), 50e ligne. 1er b., coup de feu à la cuisse g. *Bar. VI, Mannheim.*

Servias, François, Poujon, 61e ligne 3e b., coup de feu au bras gauche. *Bar. VI, Mannheim*

Surra, Antoine, St.-Martin, 2e chass. à pied, 5e c. *Hôpital I, Mannheim.*

Sautereau, Pierre, 9e artill. monté, 7e batt. *Hpt. de rés. Brieg*

Sautelle, Auguste, 20e artill. monté, 2e c. *Hop. de rés. Brieg.*

Savelli Jean, 9e artill. monté. *Hop. de rés., Brieg.*

Sénélar, Gustave 62e ligne, 4e b., 2e c. *Hop. de rés., Brieg*

Strauss, François, 19e artill. monté. *Hop. de rés., Brieg* sorti.

Simon, Julien, Fresnes (Nord), 45e ligne, 6e b. *Hop. de rés. I, Francf.-s/M.*

Sidi-ben-Mohamed, Kabylie, 1er turcos, 4e b., *Hop. de rés. I, Francf.-s/M*

Sainscony, Casimir, Pont-de-Duzon (Ard.), 74e ligne, poitrine. *Wissembourg.* †

Sarrazin, Auguste, Angoulême, 50e ligne, cuisse gauche. *Wissembourg.*

Sartre (de), Gaston, 3e inf. de marine, 1er b., 2e c., cap. *Brieg, sorti.*

Saunier, 3e turcos, sergent-major. *Bischwiller.*

Schmidt, Alphonse, 2e zouaves. *Bischwiller.*

Sancery, 48e ligne, capitaine. *Bischwiller.*

Sauvage, Augustin, Sautoin, 2e zouaves, 3e c. *Fabrique Reiss, Heidelberg.*

Savourin, Eugène, 91e ligne, capitaine. *Wiesbaden.*

Simoneau, Dom., 1er ligne, 5e c. *Hôp. milit., Spandau.*

Servanty, Jacques, 38e ligne. *Hôp. milit., Spandau.*

Serau, Olivier, la Croix-du-Perche, 11e artill. 4e batt , brigadier. *Hôp. milit., Spandau.*

Scarsini, A.-M., 9e artill. monté. *Brieg.*

Savelly, Jean-Laurent, 9e artill. monté. *Brieg.*

Seguard Jean, 83e ligne, 3e b., 2e c. *Hop. milit., Brieg.*

Sedard, Alex., 4e cuirass. 3e esc. *Hôp. milit., Brieg.*

Susino ou Suziné, Conca, 3e ligne. *Leipzig.*

Scheib, Fréderic, Wissembourg, 2e inf. de marine, 4e c , sergent. *Leipzig.*

Sorouffin, Guill., Lazano. 82e ligne, 5e c. *Leipzig.*

Sallé, Belle, Méry, 76e ligne, 2e c. *Leipzig.*

Salaupère, Pierre, Montesseaux, 11e ligne, 4e c. *Leipzig.*

Sauvé, François, Reine, 78e ligne. 2e c., sergent. *Francfort-s M.*

Simion, Auguste, Montriquat, 93e ligne, 4e c. *Francfort-s/M.*

Savignonit Antoine, Gerli-Vallé, 7e chass. à pied, caporal, *Francfort-s/M.*

Sauve, Jean, Sourcy, 10e ligne, 3e c. *Francfort-s/M.*

Sibour, Elie, St-Virial, 1er ligne, 5e c. *Leipzig.*

Sturm Bapt., 4e Lanciers, typhus. *Mayence,* † le 3 Oct.

Seugenot, Jean-Jacques, 2e inf. de marine, 1re c., typhus. *Carthausen,* † le 29 Sept.

Surle, Louis, 2e grenad , 5e c. coup de feu à la face. *Coblence,* † le 13 Sept.

Sabier, Jean-Pierre, 89e ligne, typhus. *Carthausen,* † le 25 Sept.

Sentier, Pierre Antoine, 62e ligne, 3e b., 7e c., diarrhée. *Erfurt,* † le 2 Oct.

Salomon, François, La Fosse, 75e ligne coup. de feu à la cuisse g, *Hop. de rés., Schwetzingen.*

Tauvais, Ernest, Tevis, 18e chasseurs à pied, 4e c , coup de feu à la cuisse droite. *Hôpital de réserve Weilbach.*

Troullet, Louis, Pomérieu, 24e ligne. 2e c.. coup de feu à la joue gauche. *Hop. de rés., Weilbach.*

Taillefer, Louis 99e ligne, 5e c.. sergent. *Hop. militaire, Berlin.*

Troppier Claude Feillant 63e ligne, 1er b., 6e c , coup de feu au dos. *Hopital de réserve. Giessen.*

Thomas, Joseph Dornach 40e ligne. *Hopital à Charlottenbourg.*

Tardaine 74e ligne. *Berlin.*

Tuvée Jules St-Jacques, 10e chass. à pied. *Hop à Charlottenbourg.*

Thierry, Alexandre, dernière garnison Metz. 1er génie, 3e c. *Pl. forte Marienberg.*

Tourot Louis, Lyon, 3e ligne, 1er b., 1re c. *Pl. forte Marienberg.*

Trevel, Auguste, Strasbourg 96e ligne 3e b. 5e c. *Pl. forte, Marienberg.*

Toupin 50e ligne, coup de feu au coude gauche. *Hôp. de rés. Cassel.*

Tierre, Dusol., 50e ligne, contusion légère. *Hop. de rés., Cassel.*

Tallico, 74e ligne, coup de feu au côté droit. *Hôp. de rés., Cassel.*

Tar Baranda, Constantine, 3e turcos, 1er b., 5e c., coup de feu à la cuisse, éraflure. Évacué à *Francfort-sur-Mein.*

Tout, Nicolas, Chaumont (Haute-Marne), 3e zouaves 3e b., 4e c., fracture au coude droit. *Reiss I Heidelberg.*

Teicla Bramat, Constantine, 3e zouaves, coup de feu avec amputation de deux doigts. *Reiss II, Heidelberg.*

Tunis, Louis, Lommont, canton de Ricourt, grenad. de la garde, 1er b., 6e c., coup de feu au pied gauche. *Reiss II, Heidelberg.*

Tomi, Horace Tasso (Corse), 56e ligne, coup de feu à la cuisse. *Weinheim.* † Mort le 21 Août.

Thévenin, 20e artill., chef d'esc. *Niederbronn.*

Toulée (le), 2e zouaves, lieutenant-colonel. *Reichshoffen.*

Tour du Pin (De la), 56e ligne, capitaine. *Walbourg.* Blessé.

Tavernoz (de), 1er cuirassiers, sous-lieutenant. *Walbourg*. Blessé.

Tellier, 99e ligne, lieutenant *Reichshoffen*.

Tinard, 56e ligne, capitaine. *Où ?*

Tastel, Jean, Landes (Bretagne), 50 ligne, 6e c. *Hop. Darmstadt.*

Théron Pierre, Merat ou Murat, 67e ligne, 2e c. *Darmstadt.*

Toussaint, Moulin Morgardes-de-Montfaucon, 1er zouaves 1er b. *Darmstadt.*

Thonnier, Jean, Joual, 47e ligne, 1re c. *Darmstadt.*

Troidel, J.-F., Lenonieux, 2e ligne, 5e c. *Darmstadt.*

Toulmeau, Auguste, Montfacon, 97e ligne, 2e c. *Hopital Giessen.*

Thomas, Alex., Voisin, 65e ligne. *Hôp. de réserve, Schwetzingen.*

Troszler, Gustave, Mulhouse, 25e ligne. *Hop. de rés., Schwetzingen.*

Tischier ou **Tixier**, Jos., Naullac, 91e ligne, blessé à Metz *Ste-Marie, aux Chênes.*

Touquard, Hippolyte, Motteville, 65e ligne. *Ste-Marie. aux Chénes.*

Tabouret, François, Montarlod, 6e ligne. *Ste-Marie, aux Chênes.*

Tisserum, Honoré, Gerameus, 3e drag. *Ste-Marie, aux Chênes.*

Trappé, Antoine, 13e chass. à pied. *Stuttgart.*

Tunard, Olivier, Versailles, 56e ligne, 2e b., 5e c., capitaine. *St-George, Augsbourg.*

Toutin, Philippe, Béville-Casivière, 15e ligne. *Hôp. de réserve, Schwetzingen.*

Tagnard, Victor, Grenoble, 55e ligne, coup de feu à la cuisse gauche. *Hôp. de réserve Schwetzingen.*

Thibout, Victor, Chapelle, 54e ligne. *Hôpital de rés., Schwetzingen.*

Thiebaut, François, la Brelouze, 24e ligne, 2e c., coup de feu à la hanche droite. *Hôp. de réserve I, Leipzig.*

Thevenon, François Nauton ou Nantes, 55e ligne, 4e c., coup de feu au pied droit et à la poitrine. *Hop. de rés. I, Leipzig,*

Tesssier, Alphonse, Paris, 10e ligne, lieutenant. *St-Hedwig, Berlin.*

Torcy (de), 2e zouaves, lieutenant. *Hop. de rés. Cassel.*

Thuilleux ou **Thuillier**, Laurent, Nay (Basses-Pyrénées), 23e ligne, capitaine. *St-Hedwig, Berlin.*

Thibout, Jean, 32e ligne, 5e c. *Hop. de rés. à Lubeck.*

Tournus, Joseph, 67e ligne, 2e c. *Hop. de rés. à Lubeck.*

Tromy, Jules, 23e ligne, 3e c. *Hop. de rés., Ste-Anne, Lubeck.*

Toussaint, Bavinclive, garde. *Hôp. rés., Schwetzingen.*

Tanisa, Batisel, 29e ligne. *Hôp de rés., Schwetzingen.*

Tricanel, Ant., Tarare, 67e ligne, caporal. *Hôp. de réserve, Schwetzingen.*

Torge, Alfred, Paris, 1er chass. à pied, 7e c. *Hop. de Mannheim.*

Turbeau, François, Gean-Petit, 95 ligne. *Clinique Giessen.*

Torfellon Figeac, 39e ligne. *Hop. militaire, Carlsruhe*

Tallente, Thomas Varennes, 26e ligne, 1er b., bronchite. *Hop. de réserve n° 3, Leipzig.*

Tallet Jean, Auplanc, 25e ligne, 2e b., éraflure à la poitrine. *Hop. de rés. n° 3, Leipzig.*

Tiérin Pierre, 30e ligne, 2e b., coup de feu à la cuisse droite. *Hôpit. de réserve n° 3, Leipzig.*

Tausser, César, Auville, 12e ligne, 2e c., coup de feu au bras droit. *Hopital de réserve n° 3, à Leipzig.*

Tavernaz (de), Walbourg. 1er cuirassiers, sous-lieut. *Où ?*

Tellier, Reichshoffen, 99e ligne, lieutenant. *Où ?*

Tinard, 56e ligne, capitaine. *Où ?*

Troullet, Louis, Poméricu 24e ligne, 2e c. *Hop. de rés. n° 1, Francf.-s|M.*

Tagournier, E.-G. 78e ligne *Hop. de la gare, Carlsruhe.*

Tont, Thadéus, 3e ligne. *Bar. II, Berlin.*

Terri, Pisani-Félix, Baragnano, 75e ligne 2e b., 4e c., sergent, coup de feu à la cuisse gauche *Hopital de réserve III, à Leipzig.*

Tallet, Jean, Auplanc, 25e ligne, 2e b., 3e c., éraflure à la poitrine. *Hôpital de réserve III, Leipzig.*

Tallente, Thomas, Lille, 28e ligne, 1er b., 2e c., bronchite. *Hopital de réserve III Leipzig.*

Tar Berando, Oran, 3e turcos, 1re c. *Hop. de rés. I à Francfort-sur-le-Mein.*

Tomi ben Eddar, Alger. 2e turcos, 2e b., 2e c., coup de feu à la cuisse gauche. *Baraque VI, Mannheim.*

Tringard François, Dullais, 98e ligne, blessé à Metz. *Hop. de rés. de Schwetzingen.*

Thibouet, Victor, La Chapelle, 54e ligne, blessé à Metz. *Hôp. de réserve, Schwetzingen.*

Tricaut, Antoine, Durren, 67e ligne, blessé. *Hop. de réserve à Schwetzingen.*

Tisserand, Jean, Banus, 3e dragons, blessé à Metz. *Hôp. de rés*, *Schwetzingen.*
Toutang, Isidore, Trouville, 94e ligne, gravement blessé. *Halle-s/S.*
Taubert, F, Buchsweill, 94e ligne, 4e c, gravement blessé. *Ste-Marie, aux Chênes.*
Tricot, Isidore, 50e ligne, 4e c. *Ste-Marie aux Chênes.*
Tourneux, René, 2e train artill. *Hop. de rés. Brieg.*
Thevenot, François 12e artill. monté. *Hop. de rés, Brieg.*
Terras Jules, 6e chass à cheval 3e escadron, brigadier. *Hop de rés, Brieg*
Terrier, Guillaume, 8e chass. à cheval 4e escadron. *Hop. de rés., Brieg.*
Trichet, Emile 4e cuirassiers 3e escadron. *Hop. de rés. Brieg.*
Tauger Jean-Louis (Le Puy). 16e chass. à pied 5e c *Hop. milit, Spandau.*
Thomas, Julien, Heneler, 21e ligne 3e c. *Hop. mil., Spandau.*
Thomas, Alex Wailly canton de Braisne 70e ligne. *Ambul. VII Pont-à-Mousson.*
Thiriou, Nicolas Buberkirch-Sarrebourg, 67e ligne, coup de feu à la cuisse. *Ambulance VII, Pont-à-Mousson.*
Tourtonne, Julien, Bordeaux, 72e ligne, 2e c, coliques. *Hop. de rés. Neuwied.*
Turbert, Auguste-Max, 67e ligne, sous-lieutenant *Hop. Wiesbaden.*
Tallon, 3e zouaves, sergent. *Bischwiller.*
Thiebaut, Michel, Blanod 1er chass. à pied. *Ambulance à Soultz.*
Thiamed Mohamed, 1er turcos, 3e b., 1re c. *Amb. à Soultz.* † le 31 Août.
Thirry Constant, Brû, 2e zouaves, 2e b. 4e c. *Amb à Soultz.* † le 3 Septembre.
Taunière, Casimir, Savelant 13e chass. à pied. *Francf-s/M.*
Terrier, Pierre, Cerberon (Côte d'Or) 12e section d'admin., dyssenterie. *Glogau.* † le 7 Octobre.
Thiac, Jean, Montferrand (Gironde), 72e ligne, fièvre nerveuse. *Hôpital de réserve à Posen.* † le 30 Septembre (26 ans).
Tournelize, Antoine, 11e section d'administration, dyssenterie. *Hôp. mil. à Mayence.* † le 1er Octob
Trompeau, Jean, 88e ligne dyssenterie. *Hop. milit. à Mayence* † le 4 Octobre.
Triffoult, Marcel. 16e ligne coup de feu à la cuisse gauche. *Hopital militaire à Erfurt.* † le 29 Septembre.
Taxel, Jean-Baptiste, 2e artill., 1er b. dyssenterie *Hop. milit. à Erfurt.* † le 29 Septembre.

Uguendubel, Adolphe, dernière garnison Metz, 1er génie, 3e c. *Place forte Marienberg.*
Urbain, Louis, Trenne, 9e ligne. *Hop. de rés., Carlsruhe.*
Usou, Pierre, St-Privé, 50e ligne, coup de feu à la poitrine. *Bar. VI. Mannheim.*
Utart, Auguste. 20e artill. monté, mar.-de-logis. *Hôp. de rés., Brieg.*
Utiriet, Pierre, Cheraux, 66e ligne, 4e c. *Francfort-s/M.*

Valli-Mahomed, Alger, 1er turcos, 6e c., sergent, coup de feu à la jambe g. *Hop. de rés, Kirchheim*
Vitte, Ernest, 63e ligne, 1re c, lieutenant. *Hop. milit., Berlin.*
Vincent, Joseph, 22e ligne, 5e c. *Hop. milit. Berlin.*
Vigne, 24e ligne. 5e c. *Hop. milit., Berlin.*
Verre, Victor, Les Caleyries, 1er cuirass. *Hôpital Charlottenbourg.*
Veau, Henri, Suard, 40e ligne. *Hôpital Charlottenbourg.*
Vigny, Joseph, dern. garn. Lunéville, 3e cuirass., 3e esc. *Place forte Marienberg.*
Vallet, Jean-Romain, Besançon, 12e artill., 6e batt. *Place forte Marienberg.*
Varinot, Paul, 3e hussards, 1er esc. *Hôpital à Halle ou Hofgeismar.*
Vaudry, Ursin, 74e ligne, 4e c. *Hofgeismar.*
Vendée, V., 74e ligne. *Cassel.*
de Varreux, 74e ligne, capitaine. *Cassel.*
Viovi, Clément La Rivêterie, 47e ligne, 2e b., 1re c. *Université (Wolff) Heidelberg.*
Viovil Armand, Dozé, 47e ligne. *Infirmerie de l'académie. Station extérieure, Heidelberg.*
Vaguez, 2e zouaves capitaine. *Soultz-sous-forêts (bas Rhin).*
de Villers, 9e cuirass, sous-lieutenant. *Évacué, Haguenau.*

Vigié, 56e ligne, capitaine. blessé. *Cassel.*

Vuillemin Jean-B., Cubry, 68e ligne, 3e c *Hôp. Giessen.*

Vincent J.-B., Witzenbach, 75e ligne, coup de feu à la cuisse g. *Hop. de rés., Schwetzingen.*

Vauclaise, Jul.. la Bresse 75e ligne, caporal, coup de feu à la cuisse g. *Hôp. de rés , Schwetzingen.*

Voiron, Charles, Viviers (Savoie), 56e ligne. 1er b.. 4e c. *St-George, Augsbourg.*

Vieu Jean, Viane (Tarn), 17e ligne, 2e b., 2e c. *St-George, Augsbourg.*

Vautier, H., 65e ligne. *Hôp. de rés., Schwetzingen*

Valade, Jean, Limoges, 98e ligne. *Hop. de rés., Schwetzingen.*

Vianney, Fr., Vijerbonne, 98e ligne, coup de feu à la cuisse d. *Hpt. de rés., Schwetzingen. Évacué à Francfort* le 30 Août.

Vigrouse, Louis, Sarthe, 5e ligne. *Hop. de rés., Schwetzingen.*

Vorny ou Voiry, Aug., Haussonville, 9e chass. *Hop. de rés., Schwetzingen.*

Vautour, Auguste, Strasbourg 70e ligne, sous-lieutenant. *St-Hedwig. Berlin.*

Vasseur, Edouard, Joigny, 30e ligne, capitaine. *St-Hedwig, Berlin.*

Vaudran, Charles, Paris, 8e ligne sous-lieutenant. *St-Hedwig, Berlin.*

Voillot, And., Paris, 50e ligne, 4e c., coup de feu au coude. *Hpt. Mannheim.*

Vigier, 56e ligne, capitaine. *Hpt. de rés.. Cassel.*

de Villars, Armand, St-Chamassy, 76e ligne, lieutenant. *St-Hedwig, Berlin.*

Voucouleur, André, Langres, 4e artill., lieutenant. *St-Hedwig, Berlin.*

Voisin, Marcelin, Josselin (Morbihan), 3e zouaves, capitaine. *St-Hedwig Berlin.*

Vidal, 4e chass. à chev., 1re esc.. *Maison de travail, Altona près Hambourg.*

Vermann, Jean, 3e garde, 4e c.. *Hpt. de rés., St-Annen, Lubeck*

Verger, S., St-Victorien, 15e ligne. *Hop. de rés., Schwetzingen.*

Villemain, Jos., Metz. 17e chass. à pied. *Hpt. Mannheim.*

Voisin, Jean. Saye (Morbihan), 12e ligne, éraflure au genou gauche. *Bamberg.*

Vesèle, Elie, Incoques (Côtes-du-Nord), 73e ligne, 2e b 3e c., coup de feu à la jambe gauche. *Spire.*

Voisin, Jean, Touchesoi (Morbihan) 10e ligne, 1er b., 2e c., coup de feu au genou gauche. *Spire.*

Voche, 15e chass. à pied, blessé légèrement. *Hop. Pange.*

Voubecker-bezaid, Stagerim, 2e turcos, 2e b., 3e c. coup de feu à la cuisse gauche. *Couvent des Dominicains, Dusseldorf.*

Vrillard, Léon-Paul, 40e ligne, coup de feu à la jambe droite. *Bar. II. Berlin.*

Vincent, Joseph, 22e ligne. coup de feu au bras gauche. *Bar. II, Berlin.*

Vervé, Jean, 2e zouaves, coup de feu à la cuisse droite. *Bar. II, Berlin.*

Vicent, J.-B. Wissenbach 75e ligne, blessé à Metz. *Bar. VI, Mannheim.*

Vaselaire, Jules, Bresse, 65e ligne, blessé à Metz. *Bar. VI, Mannheim.*

Valade, Jean, Limange. 98e ligne, blessé à Metz *Hop. de rés., Schwetzingen.*

Verger, L., St-Victorien, 15e ligne. blessé à Metz. *Hop. de rés., Schwetzingen.*

Vigroux, Louis, Poligny 5e ligne, blessé à Metz. *Hôp de rés.. Schwetzingen.*

Voillot, And., Paris, 50e ligne, 1er b., 4e c., coup de feu au bras droit. *Hpt. VII, Mannheim.*

Vonderfilk, Emile, 90e ligne, 2e b., 4e c., coup de feu au ventre. *Baraque VII,Colligny.*

Vedel Joseph, 70e ligne, 6e c. *Halle-s/S.*

Vergnettes, Léonard, 79e ligne, Musicien. *Hop. de rés, Brieg.*

Vignolet, Armand, 12 artill. monté. *Hop. de rés, Brieg.*

Vernevaux, Emile, 12e artill. monté. *Hôp. de rés, Brieg.*

Viandury, Claude, 5e hussards, 2e esc. *Hôp. de rés, Brieg.*

Verhæghe, Joseph, 19e artill. monté. *Hôp. de rés, Brieg.*

Vitut, Jean, 12e artill. monté. *Hop de rés., Brieg.*

Vale, Marvant, Alger, 2e turcos, 1er b., *Hôp. de rés., Francfort-sM.*

Villiart, Jean, Dejea-Bitaimar, 95e ligne, 1er b., coup de feu côté g. *Wissembourg.*

Vermoz, 3e zouaves. *Bischwiller.*

Verniongat, Pierre, 96e ligne. *Bischwiller.*

Viot, Louis, 96e ligne. *Bischwiller.*

Villechaurine, Jean, Cheuterac (Doudogne), 28e ligne, blessé au pied. *Ambul. Pont-à-Mousson.*

Victor, François, Paraza, 32e ligne, 1er b., sergent, gravement blessé. *Hôp. de rés.. Schneidemühle.*

Vorizant, François, Tulle (Corrèze), 47e ligne. *Fabrique Reiss, Heidelberg.*

Vaillat, Augustin, 16e chass. à pied. *Hôp. milit., Spandau.*

Vesterle, Joseph, Bosson d'Allègre, 70e ligne, blessé à l'épaule droite. *Ambul. VII, Pont-à-Mousson.*
Varennes, Etienne, 10e ligne, sous-lieutenant *Hop. Wiesbaden.*
Vinci Pierre-Louis, 3e ligne, 2e b. *Hop. milit. Spandau.*
Valin, François, Heime, 1er ligne. *Hpt. milit , Spandau.*
Venet, Charles, Coutinie, 64e ligne, 4e c. *Francf.-s/M.*
Voisin, Louis, Resuille, 20e ligne, 5e c. *Leipzig.*
Vincent, Emile, 1er inf. de marine, typhus. *Glogau,* † le 6 Oct.
Villain, Henri, Cassel (Nord), 72e ligne, typhus. *Lichtenfels,* † le 23 Sept.
Verdel, Léonard, St-Léonard (Haute-Vienne), 49e ligne, typhus. *Neisse,* † le 23 Sept.
Veniot, Florimond, 31e ligne. blessé à la jambe. *Coblence,* † le 25 Sept.
Vincenti, Jacques, 99e ligne, 5e c., dyssent. *Erfurt,* † le 28 Sept.

Welsch, 40e ligne, 3e c. *Hpt. mil , Berlin.*
Wligny, 45e ligne, 1e c. *Hôp. milit., Berlin.*
Winstein Pierre, Fraumul, 4e chass. à cheval. *Hôpital Charlottenbourg.*
Wehrung, George, Dussel (cant. Drulingen , Bas-Rhin). 96e ligne, 2e b., 4 c., sergent, coup de feu à la poitrine. *Neustadt.*
Waddringue, Jules-Alex.. Arras, 2e zouaves, capitaine. *Wœrth s./Saver (Bas-Rhin).*
Wohlframm, Joseph, 12e artill., capitaine. *Niederbronn.*
Werklé, Louis, Kæskastel, 57e ligne, coup de feu à la poitrine. *Hop. de rés. Schwetzingen.*
Winter, François, Rischwiller (Haut-Rhin). 12e ligne, 2e b., 1e c., coup de feu à la jambe gauche. *Spire.*
Wermar, Rhône, 49e ligne. *Hop. mil., Carlsruhe.*
Wem Amer Mamer, 1er turcos, *Hôpital mil., Carlsruhe.*
Woelfle, Michel, 41e ligne, 2e b., 2e c. *Hop. de rés., Quedlinbourg.*
Wetzel, Joseph, 2e zouaves, cou de feu au bras gauche. *Bar. II, Berlin.*
Witz, François, Boutzheim, 54e ligne, 3e b., caporal, éraflure à la cuisse gauche. *Hôpit de rés. n° 3, Leipzig.*
Wildemann, Emile, Mulhouse, 54e ligne, 3e b., coup de feu à la poitrine et au dos. *Hôp. de rés. n° 3, Leipzig.*
Wolff, George, 13e ligne, 2 coups de feu au bras droit. *Bingerbrücke.*
Weber, Nicolas, 1er art , 2e b., brûlé à la figure. *Hpt. I. Cassel.*
Wusinimen, Osa, 1er turcos. *Bar. II, Berlin.*
Wildemann, A., Hegenheim, 54e ligne, 3e b., 2 c., coup de feu à l'épaule et à l'avant-bras droit. *Hôp. de rés. III, Leipzig.*
Walbrou, Jules-César, 93e ligne, 2e c.. gravement blessé. *Ste-Marie-aux-Chênes.*
Wetzel, Auguste, Massevaux. 12e ligne, gravement blessé. *Nancy.*
Wibrotte, François, 2e ligne, 3e b., 1e c. *Hôp de réserve, à Brieg.* Sorti.
Willer, François, Stevegnac, 15e ligne, 6e b. *Hôpit. de rés., Francf. s/M.*
Wagner, Philippe, 2e ligne. *Hôp. mil., Berlin.*
Walter, Ignace, 38e ligne. *Hôp. mil., Spandau.*
Weber, Laurent, Leuthenheim, 38e ligne. *Hôp. mil., Spandau.*
Waillat, Edmond. Pontarlier. 16e chass. à pied. *Hôp. mil , Spandau.*

Yung, Nicolas, 2e artill.. typhus. *Erfurt.* † le 4 Octobre.

Zeronki Ben Cadour, Oran, 2e turcos, coup de feu au bras droit. *Reiss II, Heidelberg,*
Zimmermann, Jean, St-Barin-des-Champs (Sarthe), 1er zouaves, 2e b., 4e c *St-George, Augsbourg.*
Zenerien, George, Villeneuve, 63e ligne. *Hop. milit., Spandau.*

INDEX GÉOGRAPHIQUE

AVIS IMPORTANTS

Les lettres, les paquets et l'argent destinés aux prisonniers, blessés ou valides, s'ils proviennent d'un pays neutre, doivent être adressés *au ministère de la guerre, à Berlin* ou à l'autorité militaire de la localité où réside le destinataire, si on la connaît.

Quant aux expéditeurs qui habitent la France, ils peuvent s'adresser *au bureau de renseignements de l'Agence internationale, à Bâle,* qui leur servira d'intermédiaire officieux, mais pour les lettres et l'argent seulement, et non pour les paquets. Toute correspondance adressée à Bâle doit être affranchie (30 cent. de France en Suisse).

D'autres listes faisant suite à celle-ci seront publiées, au fur et à mesure qu'elles auront été dressées par l'administration prussienne. Chacune d'elles mentionnera, en particulior, les décès survenus parmi les hommes portés comme blessés sur les listes antérieures.

Les listes de blessés français se vendent au profit de l'œuvre du Comité international de secours.

PRIX : 1 fr. 50 c. la première. — 1 fr. les suivantes.

S'adresser à M. Georg, libraire à Bâle et à Genève.

GENÈVE. — IMPRIMERIE PFEFFER ET PUKY, RUE DU MONT BLANC.

www.ingramcontent.com/pod-product-compliance
Ingram Content Group UK Ltd.
Pitfield, Milton Keynes, MK11 3LW, UK
UKHW020032100726
13658UKWH00003B/1265